Frauen Stadt Geschichte(n)

Bozen • Bolzano

Vom Mittelalter bis heute

Hrsg. Stadt Bozen, Kommission für Chancengleichheit
Redaktion: Renate Mumelter
Lektorat: Eva-Maria Widmair
Grafische Gestaltung: Blauhaus, Bozen
Druck: Dipdruck, Bruneck

ISBN 3-85256-134-5

Siglinde Clementi
Martha Verdorfer

Frauen Stadt Geschichte(n)
Bozen • Bolzano

Vom Mittelalter bis heute

Folio Verlag Wien • Bozen

Wie es zu den „Frauen Stadt Geschichte(n)“ kam

Zwölf Frauen (sie alle Gemeinderätinnen und Stadträtinnen) sitzen derzeit im Beirat für Chancengleichheit der Stadt Bozen. Sie arbeiten über die Parteigrenzen hinweg an gemeinsamen Projekten und setzen sich für spezifische Frauenanliegen ein. Eines dieser Projekte ist der vorliegende Frauenstadtführer. Zwei Historikerinnen wurden damit beauftragt herauszufinden, wie Frauen im Lauf der Jahrhunderte die Geschichte der Stadt mitgeprägt haben. Das Ergebnis dieser Sucharbeit halten Sie in Händen.

Tips für Leserinnen und Leser

Die Frauen Stadt Geschichte(n) sind chronologisch aufgebaut und als Lesebuch und Stadtführer gedacht. Im Text finden Sie Hervorhebungen, welche die thematische Orientierung erleichtern. Die Randtexte liefern Kurzfassungen der einzelnen Abschnitte und auf den zwei Umschlagseiten finden Sie Stadtpläne zur besseren Orientierung. Der erste Plan zeigt Örtlichkeiten, die Sie im Stadtzentrum aufsuchen können, der zweite Plan bezieht die Umgebung Bozens mit ein. Bewußt wurde auf die Vorgabe von Rundgängen verzichtet. Wir wünschen viel Spaß beim etwas anderen Entdecken der Stadt Bozen.

Renate Mumelter

Dank

Sehr viele Menschen haben uns bei dieser Arbeit durch Hinweise, Materialien, Gespräche, Überarbeitung unterstützt. Ihnen gebührt unser Dank:

Pater Ambros
Giuseppe Albertoni
Helmut Alexander
Gotthard Andergassen
Marialuisa Bassi
Marjan Cescutti
Klara Dellantonio
Ermano Filippi
Carla Giacomozzi
Luisa Gnecchi
Barbara Golderer
Christoph von Hartungen
Hans Heiss
Sonia Insam
Rita Mayr
Marina Manganaro
Giorgio Mezzalira
Annemarie Mumelter
Brigitte Mumelter
Renate Mumelter
Antonie Naumann
Hilde Nikolussi
Margot Pizzini-Dalsass
Gustav Pfeifer
Pater Plazidus
Waltraud Pulz
Brigitte Rath
Paul Rösch
Carlo Romeo
Marina Rossi Dordi
Pastorin Ulrike Schwarz
Sabine Schweitzer
Rainer Seberich
Eduard Scheiber
Alessandra Spada
Silvia Spada
Sigrun Streiter-Kofler
Zita Thaler
Patrizia Trincanato
Inge Tutzer
Susanne Winkler

Inhalt

Die Autorinnen:

Siglinde Clementi: Einleitung, Kap. 1–5 einschließlich „Die Tirolerin“

Martha Verdorfer: Kap. 5 ab „Bürgerliche Doppelmoral“ bis Kap. 13

Bozen
Stadt der Frauen

Abgesehen von den Heiligen mit ihrer ewigwährenden Straßennamentauglichkeit (Mariaheimweg, Marienplatz, St.-Gertraud-Weg) haben zur Zeit nur zwei historische Frauenfiguren die Ehre, als Namenspatron(in) einer Bozner **Straße** zu dienen: Claudia de' Medici, als Landesfürstin und Gewährerin des Privilegs des Merkantilmagistrats die schillerndste Frauengestalt in der Geschichte Bozens – nach ihr ist die Straße an der Marienklinik vorbei in Richtung Schloß Maretsch benannt –, und die Physikerin und Nobelpreisträgerin Marie Curie, nach der, auf Initiative des Beirates für Chancengleichheit, 1997 eine kleine Straße in der Industriezone benannt wurde.

Straßennamen sind nur eine Ausdrucksform, allerdings eine breitenwirksame und alltäglich sichtbare, für die männlich geprägte Erinnerungskultur. Weiters findet diese direkten Ausdruck in der Geschichtsschreibung. In seinem Bozen-Führer[1] widmet Josef Rampold den „berühmten und verdienten Boznern" ein ausführliches Kapitel, obwohl seiner Einschätzung nach nur wenige „bedeutende Söhne des Landes" aus Bozen stammten. Ziel dieser peinlich genauen Aufzählung sämtlicher Bozner, die seit dem Mittelalter öffentlich in Erscheinung getreten sind, ist es, die „Geschicke" der Stadt „im Zeitraffer (...) vorbeiziehen (zu) lassen". Keine einzige Frau lockert diese **Männerriege** auf; keine einzige Boznerin soll die Geschicke ihrer Stadt beeinflußt haben.

Bis vor nicht allzu langer Zeit war dieser männlich geprägte Blick auf die Geschichte vorherrschend. In den siebziger Jahren aber haben sich Frauen aufgemacht, ihre Geschichte zu rekonstruieren, indem sie bedeutende Frauenleben aus der Vergessenheit holten und begannen, systematisch Lebenssituation und Alltag von Frauen in der Vergangenheit zu erforschen. Vorliegendes Stadtbuch stellt sich in diese Tradition von Frauengeschichte und porträtiert **nicht nur berühmte Boznerinnen**, die es trotz aller weiblichen Ruhmesscheu gegeben hat. Hauptanliegen dieses Buches ist es, die Lebenswelt der Boznerinnen seit dem Mittelalter entlang einiger bedeutsamer Aspekte zu beschreiben: ihre politische Stellung in der Stadt, ihre Arbeit im und außer Haus, ihre Familiensituation, die religiöse Dimension ihres Lebens, ihre Bildungschancen, ihre Kriminalität, die ersten organisierten Schritte in der Öffentlichkeit, ihre Rolle während des Faschismus und in den beiden Weltkriegen und ihr Aufbruch zu einem selbstbestimmten Leben im Zuge der Zweiten Frauenbewegung.

Anhand dieser Themen haben wir uns der **bisher ungeschriebenen Frauengeschichte** Bozens genähert. Wir verfolgen dabei nicht primär wissenschaftliche Ziele, sondern wollen die Resultate dieser Forschung einem breiten Publikum zugänglich machen. Daher die zeitlich breit angelegte Dimension – vom Mittelalter bis heute – und daher auch der Doppelcharakter dieses Buches: **Geschichtebuch und Frauen-Stadtführer.**

Bozen – Die Handelsstadt

Im Spätmittelalter und in der frühen Neuzeit, vom 13. bis zum 18. Jahrhundert, war Bozen eine kleine Stadt. Vom 1500- bis 2000-Seelen-Ort im 13. Jahrhundert entwickelte sich die Stadt bis zum Ende des 18. Jahrhunderts zu einem annähernd 9000 Einwohner zählenden städtischen Gebilde. Trotz der geringen Bevölkerungszahl war Bozen in der frühen Neuzeit keine unbedeutende Stadt, auch wenn sie auf Reichsebene wenig Einfluß hatte – wie ganz Tirol gehörte Bozen zum Österreichischen Reichskreis und war auf dem Reichstag nicht direkt vertreten. Mit den freien Reichsstädten wie Köln oder Frankfurt hatte Bozen wenig gemein, was sich auch an den eingeschränkten städtischen Freiheiten zeigte. Bozens Bedeutung lag in der regen **Handelstätigkeit** begründet, die sich ab dem 16. Jahrhundert auf vier internationalen Jahresmärkten – dem Mitfastenmarkt (drei Wochen vor Ostern), dem Corpus-Domini-Markt (14 Tage vor Fronleichnam), dem Ägidimarkt (von 24. August bis 7. September) und dem Andreasmarkt (23. November bis 7. Dezember) – voll entfaltete. Die Märkte dauerten jeweils 14 Tage und waren terminlich auf die großen zentraleuropäischen Handelsmessen abgestimmt. Sie profitierten von der Verdoppelung der Verkehrsfrequenz über den Brenner im 16. Jahrhundert: Bozen wurde zum wichtigsten Warenumschlagplatz zwischen Süddeutschland und Oberitalien. Die Kaufleute aus dem bayerisch-schwäbischen Raum trafen mit ihrem Angebot an hochwertigen Gewerbeprodukten – Stoffe, Pelze, Papier und Metalle – in Bozen auf die oberitalienischen Handelstreibenden, die Rohstoffe und landwirtschaftliche Produkte feilboten – Seide, Leinen, Gewürze, Zucker, Wein, Öl und Trockenfrüchte. Mit dem Handel blühte auch das Kredit- und Wechselgeschäft.

Zwar waren die Bozner Frauen nicht direkt an der internationalen Handelstätigkeit beteiligt, ebensowenig wie ihre Geschlechtsgenossinnen der deutschen und italienischen Handelsstädte, die bei Abwesenheit ihrer Männer die **Geschäfte zu Hause** führten. Die Geschicke der Bozner Märkte aber wurden direkt und maßgeblich von einer „großen Frau" beeinflußt: **Claudia de' Medici** gewährte in ihrer Funktion als Landesfürstin den Bozner Märkten 1635 das Privileg einer eigenständigen Messegerichtsbarkeit, des

Bozner Merkantilmagistrats, der in deutsch-italienisch paritätischer Besetzung Recht in allen auf die Handelstätigkeit bezogenen Streitfällen sprach. Die Struktur des Bozner Merkantilmagistrats war den italienischen Messegerichten nachempfunden und diente in der Folge als Vorbild für ähnliche Einrichtungen in deutschen Städten, so für die Handelsgerichte von Leipzig und Braunschweig.

Claudia de' Medici

Sie war gebildet, politisch versiert, zielstrebig und entscheidungsfreudig. Sie war eine der wenigen Frauen, die die Möglichkeit bekamen, diese ihre Fähigkeiten unter Beweis zu stellen: Claudia de' Medici, **Landesfürstin von Tirol** und den habsburgischen Vorlanden 1632 bis 1646.

Claudia de' Medici stammte aus dem großherzöglichen Haus der Medici und feierte im April 1626 die prächtigste Hochzeit, die Innsbruck je gesehen hatte: eine Schützenparade vom Bergisel zur Hofkirche, drei haushohe Triumphbögen in der Maria-Theresien-Straße, Hochzeitsmahl in der Hofburg mit 2400 geladenen Gästen und Wochen der Festlichkeit und öffentlicher Spiele. Die prominente Toskanerin heiratete nicht irgendwen: Der Habsburger Leopold V. war der Landesfürst von Tirol und den habsburgischen Vorlanden, und aufgrund seines frühen Todes fand Claudia de' Medici nicht nur Eingang in die Geschichte der berüchtigten Habsburger Heiratspolitik, sondern auch in die politische Geschichte. Sie war eine der wenigen Frauen, die in der Zeit lebten, als alle für eine Machtposition in Frage kommenden Männer gestorben waren. Wäre ihr Sohn Ferdinand Karl nicht unmündig gewesen, wäre sie nie zur Landesfürstin avanciert.

Claudia de' Medici, Landesfürstin von Tirol und den habsburgischen Vorlanden 1632 bis 1646, gewährte den Bozner Märkten das Privileg eines eigenen Merkantilmagistrats.

Frauen als Herrscherinnen, das ließ das Weltbild der frühen Neuzeit nicht ohne weiteres zu. Herrscherinnen gelangten nur als Lückenfüllerinnen zu höchsten politischen Ehren. Grundsätzlich waren nur die männlichen Nachkommen für die Thronfolge bestimmt. Gab es keinen männlichen Nachfolger, fiel die Herrschaft an den Ehemann der Tochter und an ihre Söhne.

Im Unterschied zu vielen, vor allem italienischen Herrscherinnen regierte Claudia de' Medici auch tatsächlich selbst und suchte sich auch selbst ihre Berater aus. Die Gewährung des Privilegs zur Errichtung eines von der landesfürstlichen Gerichtsbarkeit **unabhängigen Messegerichts** in Bozen gründet auf der klugen Entscheidung von Claudia de' Medici, die wirtschaftlichen Interessen vor die eigenen machtpolitischen zu stellen, und hängt mit ihrer Vertrautheit mit italienischen Handelsgepflogenheiten zusammen. Von ihr stammt die vielzitierte Umschreibung Bozens als „das fürnembste und nützlichtse Clainot in dem Land".

Bozen – Topographie und Politik

Die politische Struktur der Stadt Bozen spiegelt ihre Entwicklungsgeschichte wider. Das wichtigste gemeindepolitische Gremium, der **Bozner Stadtrat**, umfaßte neben den drei Vertretern des Adels paritätisch die bürgerlichen Vertreter der einzelnen Stadtteile: des Stadtgerichts, der Dreigassen und der Zwölfmalgreien. Das ehemalige Stadtgericht bildete mit den Lauben und dem Kornplatz den Kern der Stadt und unterstand bis 1531 dem Bischof von Trient. Entwicklungsgeschichtlich gesehen ist es der älteste Teil Bozens, der bis zur 1277 von Mainhard II. angeordneten Schleifung von Stadtmauern und einem Stadtgraben umgeben war. Die Dreigassen umfassen das Gebiet der spätmittelalterlichen Stadterweiterungen, jenes der Herren von Wanga – die heutige Dr.-Streiter-Gasse, die Bindergasse und die Wanger- und Vintlergasse – und des Grafen von Tirol – zunächst die heutige Silbergasse, dann das Gebiet südlich bis zur Pfarrkirche und westlich bis fast zur Talferbrücke. Diese Einteilung zeugt auch vom langwierigen Ringen zwischen dem Bischof von Trient und den Grafen von Tirol um die Vorherrschaft über Bozen, das sich erst 1531 zugunsten der Habsburger Landesfürsten entschied. Seitdem gehörten Bozen und seine Umgebung zu einem einzigen Gerichtsbezirk, dem **Stadt- und Landgericht Bozen und Gries**. Auch verwaltungstechnisch gehörten die Zwölfmalgreien, zu denen auch Gries und Leifers als äußerste Orte zählten,

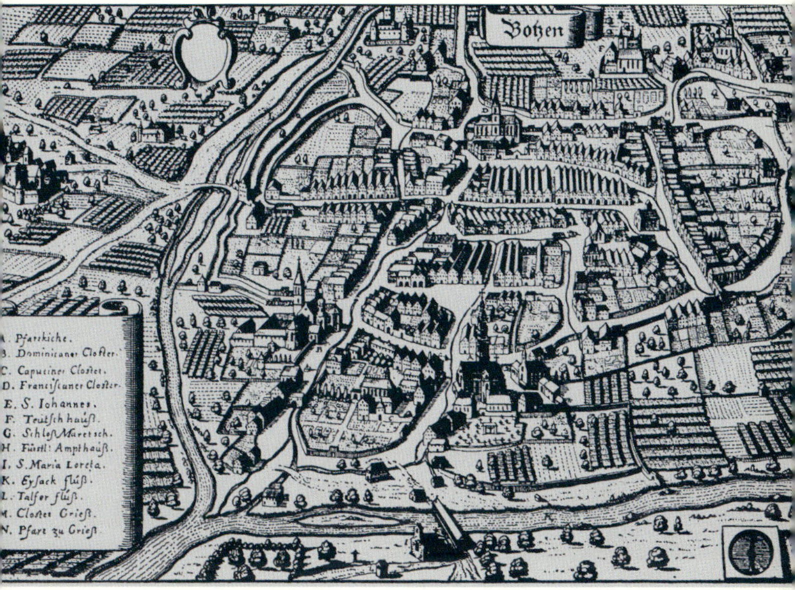

Bozen um 1645 nach Merian, Topographia Provinciarum Austriacarum, Frankfurt a. M. 1649

zu Bozen, unterstanden also dem Bozner Stadtrat, in den sie ihre Vertreter aus der bäuerlichen Führungsschicht wählten. Im Zuge der Gemeindereform von 1849 wurden **Leifers, Gries und Zwölfmalgreien** zu autonom verwalteten Gemeinden. Während Leifers inzwischen zur Stadt avanciert ist, wurde Zwölfmalgreien 1910 und Gries 1925 ins Bozner Stadtgebiet eingemeindet. Politisch gehörte Bozen in der frühen Neuzeit zur Grafschaft Tirol, dessen Landesfürst durch einen Amtmann ständig vertreten war und den Stand- und Landrichter stellte, also Steuer- Gerichts- und Polizeiwesen kontrollierte. Kirchenrechtlich gehörte das Bozner Gebiet bis zur Konstituierung der Diözese Bozen-Brixen 1964 zur Diözese Trient.

[1] *Rampold, Josef: Bozen. Mittelpunkt des Landes an der Etsch und im Gebirge, Bozen 1984, 4. Aufl.*

1

Boznerinnen – Städterinnen

Macht Stadtluft Frauen frei?

„Stadtluft macht frei" – Das Motto stammt zwar aus dem 19. Jahrhundert, ist aber für die europäischen Städte bereits im Mittelalter kennzeichnend. Es steht für den mehr oder weniger erfolgreichen Versuch der Bewohner, städtische Freiheiten gegenüber weltlichen und geistlichen Stadtherren durchzusetzen. In Bozen blieb dieser Prozeß unabgeschlossen. In der Auseinandersetzung zwischen dem Bischof von Trient und dem habsburgischen Landesfürsten um die Vorherrschaft in Bozen kamen die städtischen Freiheiten zu kurz. Auch nach dem Sieg der Habsburger blieben Bozens Freiheiten beschränkt: Der Stadtrat war zwar für innerstädtische Angelegenheiten zuständig, wurde aber ständig vom landesfürstlichen Amtmann kontrolliert, der auch das Steuerwesen und die Verwaltung der landesfürstlichen Grundherrschaften in und um Bozen innehatte. Der vom Landesfürsten gestellte Landrichter war für Rechts- und Verwaltungsangelegenheiten zuständig und hatte sich um Ordnung und Sicherheit zu kümmern.

Bozens Entwicklungschancen lagen in den wirtschaftlichen Möglichkeiten begründet – der bürgerlichen Oberschicht sicherte die Blüte der Märkte Zugang zum lukrativen Warenaustausch und Gewerbe, den Unterschichten Arbeitsmöglichkeiten außerhalb der streng reglementierten dörflichen und bäuerlichen Welt.

Doch auch im städtischen Raum galten Regeln, die für individuelle Freiheiten im modernen Sinn wenig Platz ließen. So wurde von den städtischen Behörden der Zugang zur

Porträt einer Bozner Bürgerin mit dem Titel „Die Frau des Färbers Gugler" von Carl Henrici, ca. 1790

 Stadtgemeinschaft streng reglementiert, die Zünfte wachten über die Zulassung zu Arbeit und Erwerbsmöglichkeiten und kontrollierten die persönliche Lebensführung, die Kirche tat ihres dazu. Für Frauen war diese Reglementierung und Überwachung noch strenger, ihre Möglichkeiten der freien Lebensgestaltung waren um einiges eingeschränkter als jene der Männer, und zwar unabhängig von der sozialen Schicht. Das folgende Kapitel soll anhand einiger zentraler Aspekte des Lebens von Frauen in der Stadt – Bürgerrecht, Ehe, das „ganze Haus", Arbeit und arme Frauen – Einblick in die Lebenssituation der Boznerinnen im Spätmittelalter und in der frühen Neuzeit gewähren.

Politik und Bürokratie

Bürgerinnen/Inwohnerinnen/Tolerierte

In Bozen gab es, wie in den meisten anderen frühneuzeitlichen Städten, keine Bürgerinnen. Frauen konnten nur in sehr wenigen Städten das Bürgerrecht selbständig erwerben und damit die vollen Rechte und Pflichten in einer Stadt wahrnehmen. Der Zugang zur schmalen Schicht der Bürgerschaft war selbst für Männer streng reglementiert. Die mit geringeren Rechten ausgestattete Inwohnerschaft hingegen konnten in Bozen auch Frauen erlangen.

1590 wurde die erste Frau als Inwohnerin in Bozen aufgenommen, die Witwe **Lucia Frischin**. Während zunächst nur ganz vereinzelt Frauen im Bozner Bürgerbuch, in dem sämtliche Bürger- und Inwohneraufnahmen vom 16. bis ins beginnende 19. Jahrhundert verzeichnet wurden, aufschienen, stieg die Zahl der weiblichen Anwärterinnen auf die Inwohnerschaft ab der Mitte des 17. Jahrhunderts rapide an, und 1810 war eine Anzahl von mehreren Hundert Frauen

Das Laubenhaus Nummer 30, auch „Altes Rathaus" genannt, war bis 1907 Sitz der Gemeindeverwaltung der Stadt Bozen.

erreicht, die als Inwohnerinnen oder Tolerierte aufgenommen worden waren. Die Verleihung des Bürgerrechts und der Inwohnerschaft nahm der Stadtrat vor. Nur Bürger und Inwohner konnten sich in Bozen dauerhaft niederlassen und arbeiten. Hausbesitz oder der Nachweis eines Einkommens, das die Führung eines Hausstandes erlaubte, waren grundsätzliche Bedingungen für die Aufnahme als BürgerIn oder InwohnerIn. Ehefrauen suchten nicht eigenständig um diese Rechte an; wurde ihr Mann als Bürger oder Inwohner aufgenommen, so waren sie es automatisch auch. Nur Frauen ohne rechtmäßigen Anhang suchten um die Inwohnerschaft an, wenn sie sich in Bozen niederlassen und/oder einen eigenen Hausstand gründen wollten, also alleinstehende, in der Mehrzahl verwitwete Frauen.

Tolerierte erhielten nur für eine gewisse Zeit oder auf Widerruf das Recht auf Ansässigkeit. **Maria Kahlin**, Schulmeisterin, wurde 1661 zum Beispiel „auf Wohlverhalten" zugelassen oder 1709 die Näherin Anna Rottenstainerin als Ledige „in diesem standt auf wohlverhalten toleriert". Andere wurden nur für einen festgesetzten Zeitraum toleriert, so **Magdalena Kampillerin** „auf ain jahr" oder **Gertraudt Kellerin** „bis Lichtmessen"; wieder andere mußten besondere Auflagen akzeptieren: Die Witwe **Eva Rainerin** wurde 1709 unter der Bedingung toleriert, daß sie ihre zwei ledigen Töchter in den Dienst schickte.

Die InwohnerInnen und Bürger mußten sich verpflichten, keine Fremden länger als drei Tage lang in ihrem Haus zu beherbergen, ohne es den städtischen Behören zu melden. Aus Gründen der „polizeilichen Ordnung" wurden sie angehalten, alle anzuzeigen, die sich ohne Erlaubnis des Stadtrates in der Stadt niederließen und arbeiteten. Bürger und InwohnerInnen hatten das Recht, Handel und Gewerbe zu treiben, einen eigenen Haushalt zu führen, und sie besaßen ein Recht auf öffentliche Sicherheit und Altersversorgung. Der wesentliche Unterschied zwischen Bürger- und Inwohnerrecht lag darin, daß nur Bürger die Gemeindenutzungen – Holz-, Weide-, Jagd- und Fischereirechte – in Anspruch nehmen durften. Sie durften auch im Unterschied zu den InwohnerInnen das ganze Jahr über den Eigenbauwein in der Stadt verkaufen, InwohnerInnen war das nur von Ende April bis zur neuen Ernte gestattet. Während das Bürgerrecht an die Söhne vererbt werden konnte, war das Inwohnerrecht ein persönliches Recht und erlosch mit dem Tod der aufgenommenen Person.

Den Rechten von Bürgern und InwohnerInnen standen vielseitige Pflichten gegenüber. Sie mußten Dienste für die Stadtgemeinschaft (Feuerlösch-, Wach- und Wehrdienste) entweder persönlich erbringen oder in Form von Geld vergüten, Steuern und eine Gebühr für die Aufnahme entrichten. Die Höhe der Gebühr wurde je nach Möglichkeit des Bewerbers vom Stadtrat festgelegt. Lucia Frischin, die erste Inwohnerin Bozens, hatte 25 Gulden **Aufnahmetax** zu zahlen, einen stattlichen Betrag. Die wichtigsten Gewerbetreibenden im Ort bezahlten nicht mehr als 30 Gulden, Bauleuten und

Frauen hatten keinen Zugang zu Bürgerrechten. Die zweite Form der Stadtsässigkeit, die Inwohnerschaft, stand ihnen offen und war die Voraussetzung für die Führung eines Hausstandes und für selbständige Arbeit.

TaglöhnerInnen wurden acht bis zehn Gulden abverlangt. Die hohe Tax von Lucia Frischin war eine Ausnahme; Frauen zahlten grundsätzlich weniger als Männer derselben Berufssparte, was wohl auf die geringeren Verdienstmöglichkeiten von Frauen zurückzuführen ist.

Frauen waren im mittelalterlichen und frühneuzeitlichen Bozen von allen politischen Rechten ausgeschlossen. Da sie **kein Bürgerrecht** besaßen, konnten sie nicht in den Stadtrat gewählt werden. Der Bozner Stadtrat setzte sich aus zehn Bürgern, fünf Bauern und fünf Adeligen zusammen, die ausnahmslos männlichen Geschlechts waren. Auf Landesebene war das anders: Im Tiroler Landtag saßen die Äbtissinnen des Meraner Klarissenklosters und des Benediktinerinnen-Klosters Sonnenburg unter den Prälaten. Sie nahmen allerdings nicht persönlich an den Landtagen teil, sondern schickten eine männliche Vertretung. Auch das Wahlrecht wurde den Boznerinnen vorenthalten. Während sich männliche Inwohner an der Wahl der bürgerlichen Vertreter im Stadtrat unter Strafe beteiligen mußten, durften die Inwohnerinnen nicht wählen.

Der formalen Zurückstellung in der städtischen Gesellschaft stand eine ausgeprägte informelle Bedeutung der Frauen gegenüber. Bedingung für die Verleihung des Bürger- und Inwohnerrechts waren einerseits die **eheliche Geburt**, andererseits der **eheliche Stand** oder die **Heiratsabsicht** des Bewerbers. Erst die Führung eines eigenen Hausstandes begründete die volle Rechtsfähigkeit. Jacob Tschwann zum Beispiel wurde das Inwohnerrecht 1536 wieder abgesprochen, da er nicht, wie versprochen, innerhalb eines halben Jahres geheiratet und einen Hausstand gegründet hatte. Die Ehe mit einer Boznerin war ein ziemlich sicheres Mittel und ein direkter Weg, zum Bürger- oder Inwohnerrecht zu kommen. So erhielt Gall Renner 1603 ohne Tax das Bürgerrecht, weil er die Bozner Bürgerstochter Christina Atzwangerin geheiratet hatte. Valtin Vischer von Nesselwang wurde 1691 das Inwohnerrecht verliehen, „so weil er Johannes Achtmarkt gev.(ester) Wirt an der weisen Rosen in der Wangnergassen hinterlassene Witwe Maria geb. Angererin zu ehelichen gedenkt".

Die Ehe war auch ein vielgenutzter Weg zum sozialen Aufstieg. Durch die Heirat mit einer Bozner Kaufmannstochter war dem Mann nicht nur das Bürgerrecht sicher, sondern auch ein stattliches Vermögen und das in der städtischen Gesellschaft so wichtige Ansehen – die „Ehrbarkeit".

Männer gewannen vielfach durch **Einheirat** Zugang zur Adelsschicht. Beim Kaufmann David Wagner, der aus Augsburg stammte und sich 1594 in Bozen niederließ, genügte für die Aufnahme als Inwohner die Ehe mit einer Bürgerlichen. Sein Aufstieg in den Adelsstand aber vollzog sich dank einer prominenteren Partie: Seine zweite Frau, Katharina Fuchs von Jaufenburg, gehörte dem ältesten Tiroler Adel an. Seine dritte Ehe mit Katharina von Breysach aus älterem Tiroler Adel verhalf ihm nicht nur zu guten Handelskontakten in Adelskreisen, sondern verfestigte auch seine soziale Stellung. Seinen Enkeln wurde schließlich der Grafentitel mit dem Prädikat „von Sarnthein" verliehen (vgl. Maria Victoria, Äbtissin des Klosters Rottenbuch). Während die Einheirat von Frauen niedrigeren Standes in eine Adelsfamilie selten war, da sie für den Bräutigam den Makel einer nicht standesgemäßen Verbindung bedeutete, kamen Ehen zwischen reichen Bozner Kaufmannssöhnen und Töchtern aus dem niederen Adel häufig vor. Wirtschaftlicher Aufschwung und ausgeprägte Nobilitierungsgelüste der Bozner Kaufmannschaft gingen seit dem späten 16. Jahrhundert Hand in Hand.

Adelige Frauen und Männer genossen aufgrund ihres Standes nicht nur hohes Ansehen, sondern verfügten auch über handfeste Privilegien. So saßen die männlichen Vertreter zwar im Stadtrat, von der obligatorischen Ausübung von Ämtern und der Besteuerung waren sie aber befreit. Die adeligen Familien unterstanden nicht wie die übrigen Stadt-

Die acht Bozner Seligkeiten.

So alt wie die Stadt und aus gutem Holz
Ist der Bozner Schlag und der Bozner Stolz;
Jedoch um ein richtiger Bozner zu sein,
Genügt nicht nur der Heimatschein.
Dazu muß man seit alten Zeiten
Auch teilhaftig sein der acht Seligkeiten,
Durch die ein jeder, noch eh' er stirbt,
Bei uns hier den Himmel auf Erden erwirbt.
Als erste muß man unter den Lauben
Ein **Haus** besitzen. Um eigene Trauben
Und eigenen Wein für den Hausgebrauch
Zu haben, muß man zweitens auch
In Gries oder in den Zwölfmalgrein
Mit einem **Höfl** begütert sein.
Ganz unerläßlich ist zum dritten
Ein **Sommerfrischhaus** am luftigen Ritten
Und damit verbunden das Recht zum Tragen
Des weißen Mantels mit rotem Kragen.
Vor Gott und den Menschen sich richtig zu zeigen,
Sei viertens jedem ein **Kirchenstuhl** eigen.
Dazu als Ergänzung im weltlichen Sinne
Hat fünftens man eine **Loge** inne
Im Stadttheater. Und sintemal
Ein jeder dieses Jammertal
Verlassen muß zu seiner Zeit
Und nach der Bozner Seligkeit
Zur ewigen wird eingeladen,
Ist sechstens unter den Arkaden
Am Friedhof ein **Familiengrab**
Vonnöten, und zum siebenten hab'
Man — dieser Punkt ist weniger klar —
Nur einmal jedes halbe Jahr
Die **Wäsche**, weil man, Gott sei Dank,
Sie reichlich hat in Truh' und Schrank.
Als achte verlangen die einen genau,
Man müsse verwandt sein mit der Frau
Von Zallinger oder — wofür ich bin —
Verheiratet mit einer **Boznerin**;
Denn dieses war zu jeder Zeit
Die höchste Bozner Seligkeit.

Adelige Frau am Fresko des sogenannten Badezimmers von Schloß Runkelstein, um 1400

bewohner dem Stadt- und Landgericht Bozen und Gries, sondern hatten einen eigenen Gerichtsstand.

Jede soziale Schicht war von einem bestimmten Ansehen geprägt und mit Rechten ausgestattet, die weitgehend auch den weiblichen Angehörigen dieser Schicht zugute kamen. Frauen erlangten nur über die Männer ihren gesellschaftlichen Status, genossen als Töchter und Ehefrauen jedoch das entsprechende Ansehen und die Ehre. Ehefrauen von Bozner Bürgern konnten zwar nicht selbständig das Bürgerrecht erlangen, wurden als Frau eines Bürgers aber trotzdem „Bürgerin" genannt und genossen ein ähnlich hohes Ansehen wie ihre Männer. Sie nahmen an den „Bozner Seligkeiten" teil und behaupteten ihren Platz in der bürgerlichen Öffentlichkeit und Geselligkeit.

Eheschließungen sicherten nicht nur Ansehen, sondern auch Zugewinn von Besitz, Geld und wirtschaftlichen Positionen. So heiratete Thomas Carli, Angehöriger der Augsburger Familie Carli, die in Bozen ein Bankhaus führte, 1823 **Amalia von Graff Freifrau zu Ehrenfeld**, die als Alleinerbin ein großes Vermögen mit in die Ehe brachte. Carli wurde Chef der Wechsel- und Speditionshandlung Johann Jakob Graff und hatte dadurch mit einem Mal einen Spitzenrang unter den Bozner Kaufherren inne.

Auch in der **Familie Graff**, einer der reichsten Bozner Kaufmannsfamilien, sorgten immer wieder Frauen für Vermögenszuwachs. Georg Graff, der vom Überetsch nach Bozen übersiedelt war, heiratete 1657 Sabina von Werth. Sie war die Haupterbin ihres Vaters Johann Jakob von Werth, der sich, in Köln geboren, 1614 als Säckler in

Der Hochzeitszug der Amalia von Graff Freifrau zu Ehrenfeld und Thomas Carli 1823 in Himmelfahrt am Ritten. In der Mitte das Sommerfrischhaus der Brautleute. Sämtliche Bozner Bürgerfamilien verbrachten seit dem 17. Jahrhundert den Sommer auf dem Ritten, dem Hausberg Bozens. Während Frauen und Kinder von Mai bis September in der Sommerfrische waren, kamen die Männer am Wochenende und in den Ferien nach.
In der Sommerfrische wurden Feste gefeiert und das gesellige Leben gepflegt.

Bozen niedergelassen hatte und durch die Heirat mit der Bürgerstochter und Alleinerbin Margarethe Prugger zum Tuchhändler unter den Lauben avanciert war. Durch die Heirat mit Sabina von Werth hat Georg Graff den Aufstieg zu einem der bedeutendsten Bozner Kaufherren geschafft: Ihm wurde das Bürgerrecht verliehen, die Familie erhielt von Leopold I. das Privileg eines eigenen Wappens. Den zwei Söhnen und der Tochter vermachte das Ehepaar jeweils ein Bürgerhaus in bester Bozner Lage, alle drei Häuser stammten aus dem Gut der Sabina von Werth. Der Sohn Johann Jakob erbte das Handelsgeschäft unter den Lauben, stockte das Ererbte durch die Heirat mit Anna Katharina Menz, einer Tochter von Johann Menz und Katharina Zallinger (beide Sprößlinge reicher

Bozner Kaufmannsfamilien), auf, gründete die Wechsel- und Speditionsfirma J.J. Graff und wurde Ratsmitglied.

Ehe im frühneuzeitlichen Bozen

Der Bund für die vermeintliche Ewigkeit

Liebe und Emotionen erfuhren als ehestiftendes Motiv erst im 19. Jahrhundert eine entscheidende Aufwertung. Im Mittelpunkt einer Eheschließung stand vor der „romantischen Revolution" der zwischenmenschlichen Beziehungen der Besitz- und Geldtransfer. Eine Ehe war vor allem eine Tauschangelegenheit zwischen zwei Familien, insbesondere zwischen zwei Hausvätern, die die **„Eheberedung"** oder „Heiratsabred" ihrer Kinder – wie die Absprache vor der öffentlichen Vermählung genannt wurde – vereinbarten. Grundsätzlich galt jedoch das Prinzip der freiwilligen Partnerwahl: Vor allem die Kirche pochte darauf, daß sich die Heiratswilligen frei füreinander entscheiden sollten.

Der Druck von seiten der Angehörigen war damit noch lange nicht aus der Welt geschafft. Familieninteressen, die auf den Erhalt oder die Vermehrung von Besitz und Vermögen bzw. der ständischen Ehre zielten, spielten vor allem in adeligen Kreisen eine große Rolle. Doch auch im Stadtbürgertum waren es meistens die Eltern, die bei der Wahl des für die Ewigkeit bestimmten Anhangs ihrer Kinder das gewichtigste Wort zu reden hatten. Für das Mittelalter sind allerdings auch Eheberedungen von Boznern überliefert, bei denen die Gültigkeit des Vertrages davon abhängig war, ob Braut und Bräutigam einander gefielen. Öfters kannten sich die Verlobten noch nicht, zumal Eheverträge im Mittelalter meist schon im Kindesalter der Heiratsanwärter zwischen den Vätern abgeschlossen wurden. In der frühen Neuzeit hatten Eheberedungen den Charakter eines Vertragsabschlusses zwischen

Die Eheberedung war der wichtigste Teil des frühneuzeitlichen Eherituals. Durch sie wurde vor der kirchlichen Einsegnung, dem Hochzeitsfest und der Hochzeitsnacht der Besitz- und Geldtransfer geregelt.

den beiden Betroffenen, wobei Familienangehörige und Zeugen präsent waren und die Frauen von ihren Vätern oder Vormündern vertreten wurden.

In den unteren sozialen Schichten lagen die Dinge von vornherein anders: Die Heiratswilligen mußten selbst dafür sorgen, daß sie genügend Geld für eine Eheschließung zusammenbrachten. An Heirat war grundsätzlich erst zu denken, wenn die ökonomischen Grundlagen zur Gründung eines Hausstandes vorhanden waren. War diese Voraussetzung erfüllt, ging es in erster Linie um die Vereinbarung der materiellen Basis der zu gründenden Hausgemeinschaft.

In den Eheberedungen wurden die von beiden Seiten einzubringenden Ehegaben und der Erbmodus im Todesfall des Partners festgelegt. Als Richtlinie galt dafür im Tirol der frühen Neuzeit das in den Landesordnungen des 16. Jahrhunderts fixierte Ehegüterrecht, das im wesentlichen bis ins 18. Jahrhundert gültig war: „Wan die Eeleüt den Kirchgang und Beyschlaf volbracht haben, alsdann soll der Mann, von wegen der Eeschuld, alles seins Weibs Gut, das sy im zubringt, und ir auch inn der Ee zusteet, gewältiger Besitzer, niesser und bewarer sein." Der Ehemann gewann das Nutzungsrecht über den eingebrachten Besitz der Frau, er hatte aber nicht das Recht, ohne ihre Zustimmung darüber zu verfügen. In Bozner Urkunden tauchen daher häufig Mann und Frau gemeinsam als Verkäufer oder Verpächter eines Hauses oder eines Grundstückes auf. Der Besitz der Frau bestand aus der **Mitgift**, aus der **Morgengabe**, die ihr der Mann am Morgen nach der Hochzeit gemäß Vereinbarung übergeben mußte, und darüber hinaus oft aus davon unabhängig erworbenen Liegenschaften und Geldbeträgen. Bestanden Mitgift und Morgengabe aus Geld, wurden sie auf den Besitz des Mannes versichert. So wurde 1439 vor einem Bozner Notar festgelegt, daß Jeorius von seiner Frau Katharina, Tochter des Hainrich Pawngarter aus Gries, 28 Mark Meraner Münze als Mitgift erhalten hat. Der Mann schenkte ihr vertraglich als Morgengabe 14 Mark Meraner Münze und setzte ihr für Mitgift und Morgengabe sein gesamtes bewegliches und unbewegliche Gut zum Pfand. Solche Auflistungen des jeweiligen Besitzes, meistens mit detaillierter Anführung des Besitzstandes der Ehefrau, wurden kurz nach der Hochzeit urkundlich festgehalten. Diese „**Vergwissungen**" oder „**Vergwissbriefe**" machen einmal mehr deutlich, wie zentral die Vermögensfrage bei Eheschließungen und in der Ehe war, ging es doch in vielen Fällen ums Überleben, jedenfalls aber um eine angemessene Alters- und gegebenenfalls Witwenversorgung.

Löste sich eine Ehe durch Tod des Partners oder Scheidung auf, gelangte die Frau wieder in den vollen Besitz ihrer Güter. Im Falle einer **Scheidung**, die vor dem geistlichen Ehegericht zu erfolgen hatte und äußerst selten vorkam, verlor der Ehemann, sofern schuldig, den Fruchtgenuß am Besitz der Frau und mußte sie nach Maßgabe ihres gewohnten Lebensstandards erhalten. Trug die Frau die Schuld am Zerbrechen der Ehe, verlor sie ihren in die Ehe mitgebrachten Besitz für immer an den Mann. In beiden Fällen hatte die Frau kein Anrecht auf den Besitz des Mannes oder auf jenen Vermögenszuwachs, der während der Ehe erwirtschaftet worden war.

Anders im **Todesfall**. Starb der Ehemann, so fiel der Frau zunächst seine fahrende Hinterlassenschaft zu. Zudem konnte sie zwischen einer lebenslangen Nutzung seiner Güter und der Überführung von einem Drittel seiner Erbgüter und der Hälfte des dazugewonnenen, in der Ehe erwirtschafteten Vermögens in ihren Besitz wählen. In der Regel entschieden sich Witwen für die Nutzung des Mannesgutes, das nach ihrem Ableben oder zu einem vereinbarten Zeitpunkt den Kindern als Eigentum vererbt wurde. War die Ehe kinderlos, sah das Gesetz vor, daß der restliche, nicht vererbte Besitz an die Herkunftsfamilie des verstorbenen Ehepartners zurückfallen sollte. Dieser Regelung wurde durch Testamente oft entgegengewirkt. So erließ 1445 Agnes, Frau des Bozner Bürgers Peter Resche, ihrem

Mann testamentarisch die Morgengabe im Falle ihres Ablebens und setzte ihn zum Alleinerben all ihrer beweglichen und unbeweglichen Güter ein: eines Hauses in Bozen, einer Wiese am Eisack, eines Weinbaus in Gries, um nur einen Teil ihres Eigentums zu nennen. Öfters setzten sich Ehefrau und Ehemann auch gegenseitig als Erben ein, wobei die Frau die Morgengabe erließ und beide sich das restliche Eigentum zur lebenslangen Nutzung oder ein Drittel davon als vererbbaren Besitz versprachen.

Die Landesordnungen sahen hinsichtlich des **Erbrechts der Kinder** die Bevorzugung der männlichen Nachkommen vor. Zwar sollte grundsätzlich jedes Kind von Vater und Mutter zu gleichen Teilen erben, doch die Töchter „mit beschaidenheit", während den Söhnen „ain zimlicher Vortail zu erhaltung Stammes und Namens" eingeräumt werden sollte.

Die **Eheberedung** war der wichtigste Teil des Eherituals in vormoderner Zeit. War der Vertrag abgeschlossen, so stand dem Eheversprechen, das in einem Privathaus oder öffentlich vor Zeugen abgelegt wurde, nichts mehr im Wege. Darauf folgten die Einsegnung in der Kirche und das Hochzeitsfest. Noch im 16. Jahrhundert bestand der ehestiftende Akt in dem gegenseitigen Versprechen der Eheleute vor Zeugen, wobei vor Gericht auch das Eheversprechen ohne Zeugen erfolgreich eingeklagt werden konnte. Das geschah zum Beispiel, wenn eine ledige Frau schwanger war und gerichtlich erwirken

Durch das Leitacher Törl an der Nordfassade der Bozner Pfarrkirche schritten die Bozner Brautleute, um nach dem Eheversprechen und der Eheberedung vor Zeugen und vor Gott den Bund für die Ewigkeit zu schließen.

wollte, daß sie der Kindsvater heiratete oder zumindest das Kind anerkannte und Alimente zahlte und sie ihrer Ehre nicht ganz verlustig ging. Es kam aber auch umgekehrt vor, daß ein Mann einer unteren sozialen Schicht behauptete, die Frau habe ihm das Eheversprechen gegeben und die Ehe mit ihm vollzogen bzw. sei von ihm entjungfert worden, um auf eine kirchlichen Trauung zu bestehen. Erst im Laufe des 17. Jahrhunderts wurde diese Argumentation vor Gericht nicht mehr akzeptiert, also kein Eheversprechen für gültig erachtet, das nicht öffentlich und vor Zeugen abgelegt worden war. Die Kirche konnte sich mit ihrer Forderung, daß die Eheschließung ausnahmslos in der Kirche, durch den Pfarrer und vor Zeugen zu erfolgen habe, nur allmählich und endgültig erst im 18. Jahrhundert durchsetzen.

Die Frauen des „ganzen Hauses"

Hausfrauen – Töchter – Mägde

1608 beschäftigte sich der Bozner Stadtrat mit der Hochzeit von Hanns Lifftl aus Krakau, Maler, und Elisabeth Jechlin, Witwe eines Bozner Bürgers. Gall Renner, der Wirt des Gasthauses „Zum Goldenen Kreuz", in dem die „Nachfeier" stattfand, mußte zehn Gulden Strafe zahlen. Er hatte mit 32 Kreuzern pro Kopf einen überhöhten Preis für das Hochzeitsmahl verlangt und damit gegen die vom Rat erlassene Wirtsordnung verstoßen, „zu den bürgerlichen Hochzeiten 30 Kreuzer, gemeinen Hochzeiten 24 Kreuzer für ein Mannsperson, doch aber den Frauen und Jungfrauen umb 2 Kreuzer ringer" zu verlangen. War der Billigtarif ein Versuch, die Teilnahme von Frauen an Hochzeitsfeiern zu fördern? Wohl kaum, denn die Verordnung stammte nicht von den Wirten, sondern vom Stadtrat, der grundsätzlich die Anzahl der an Hochzeiten teilnehmenden Gäste zu beschränken

Der Hausstand der Familie Mayr am Unterganzerhof in Zwölfmalgreien, Bozen: der Bauer und die Bäuerin mit Kindern, Enkelkindern, Knechten und Mägden

suchte. Die Verordnung abgestufter Preise hielt sich bis ins 19. Jahrhundert und ist wohl auf die Einschätzung der ehrenwerten Mitglieder des Bozner Stadtrates zurückzuführen, daß Frauen weniger essen und trinken, und zwar unabhängig von ihrer Zugehörigkeit zu einer sozialen Schicht.

Die Hierarchisierung zwischen den Geschlechtern, die in dieser Anekdote zur Festkultur so augenscheinlich zu Tage tritt, trifft auf die frühneuzeitliche Gesellschaft generell zu. Das Leben von Frauen war zwar je nach gesellschaftlicher Schicht von unterschiedlichen Bedingungen geprägt, die Geschlechterhierarchie kam aber auf jeder sozialen Ebene zum Tragen. Am Prinzip des „ganzen Hauses", in dem der Großteil der Boznerinnen in vormoderner Zeit lebte, soll im Folgenden dieses Ineinandergreifen von sozialer und geschlechtsspezifischer Differenzierung aufgezeigt werden.

Die Hausfrau oder Ehewirtin war die **Herrin des Hauses** und hatte die Schlüsselstellung im Hauswesen inne. Sie

besetzte zwar den zweiten Platz in der hierarchischen Struktur des „ganzen Hauses", war aber gleichzeitig dessen „Seele". Nicht die Familie, sondern das Haus stellte vor dem 18. Jahrhundert den Kern der gesellschaftlichen Ordnung dar. Der Hausherr oder Ehewirt repräsentierte alle Mitglieder des Hauses nach außen hin, hatte Schutzfunktionen wahrzunehmen, für den Hausfrieden zu sorgen und besaß die oberste Gewalt innerhalb des Hauses. Als Familienvater und Arbeitgeber zugleich war er für die Lebensführung der Hausbewohner verantwortlich. Im „ganzen Haus" lebten neben der blutsverwandten Familie auch die **Dienstboten**, die entweder im Haushalt oder im Gewerbe des Hausvaters tätig waren, und gegebenenfalls „**Eingehäuste**" **oder Untermieter**.

Alle Hausbewohner unterstanden auch der Führungsgewalt der Hausfrau, hatten ihr Respekt und Gehorsam entgegenzubringen.

Die städtische Gesellschaft war von Ein- oder Zweigenerationenfamilien geprägt. Kinderlose Ehepaare fanden sich im städtischen Sozialgefüge häufiger als in der ländlichen Gesellschaft, und die durchschnittliche Anzahl der Kinder war geringer. Trotzdem waren die Bozner Familien mit sechs bis acht Kindern durchaus nachwuchskräftig.

Die Lebensperspektiven der **Töchter** waren jenen der Söhne des Hauses nachgeordnet: Sie hatten einen eingeschränkten Zugang zu Beruf und Schulbildung, sie erbten weniger, ihr Leben war im wesentlichen auf ihre spätere Mutter- und Hausfrauenrolle ausgerichtet. Doch auch ihr Aufgabenbereich war, wie für alle anderen Frauen des Hauses, in vielen Fällen nicht auf den Haushalt beschränkt. Die meisten Töchter arbeiteten wie die Mütter ganz selbstverständlich im Geschäft, im handwerklichen Betrieb oder in der Gastwirtschaft mit. Das frühneuzeitliche Haus war von der Einheit des Arbeits- und Privatbereichs geprägt. Küche und Wohnraum befanden sich meist gleich neben der Werkstatt oder den Verkaufsräumen. Diese Struktur des frühneuzeitlichen Hauses

Im „ganzen Haus" nahm die Ehe- und Hausfrau oder -wirtin gegenüber ihrem Mann zwar eine untergeordnete Stellung ein, insgesamt aber war sie privilegiert. Sie wachte über die Dienstmädchen; Kinder und Dienstboten hatten ihr Respekt und Gehorsam entgegenzubringen.

hatte weitgehende Auswirkungen auf die Geschlechterrollen, die nicht zuletzt aus diesem Grund nicht so eng gesteckt waren wie im bürgerlichen 19. Jahrhundert. Im Laufe dieses Jahrhunderts sollte sich in bürgerlichen Haushalten eine striktere Differenzierung und geschlechtsspezifische Zuordnung von öffentlichem und privatem Lebensbereich durchsetzen. Die vormoderne Hausfrau war zwar in erster Linie für die Haushaltsführung verantwortlich, nahm aber ohne weiteres auch Aufgaben im professionellen Bereich wahr und hatte dementsprechende Fähigkeiten aufzuweisen. Witwen hatten die Möglichkeit, den Betrieb des verstorbenen Mannes fortzuführen, und machten davon Gebrauch. Neben den **Witwen** von Handels- und Gewerbetreibenden waren auch deren Töchter als Ehefrauen begehrt, da die Ehe mit ihnen die Chance auf Betriebsübernahme bot. Immer wieder treten in den Quellen die Meisterstöchter als Nachfolgerinnen ihrer Väter hervor; oftmals beherrschten sie das Handwerk und konnten daher zur reibungslosen Weiterführung des Betriebes nach dem Tod des Meisters beitragen.

Die Arbeit der weiblichen Dienstboten im Haus war nicht systematisch vorgegeben. Während ihre männlichen Kollegen mit spezifischen Qualifikationen in den Arbeitsprozeß eingebunden waren – als Knechte, Lehrlinge oder Gesellen –, wurde unter den meist zahlreicheren **Dienstbotinnen oder Mägden** nur nach ihren verschiedenen Aufgaben im „ganzen Haus" differenziert. Sie waren daher auch generell schlechter gestellt und vor allem schlechter bezahlt als das männliche Gesinde, obwohl sie im Gewerbe vielfach dieselbe Arbeit leisteten. Weibliche Angestellte wurden gerade im handwerklichen Bereich von Lehrlingen und Gesellen als Konkurrenz wahrgenommen, so daß häufig ihr genereller Ausschluß aus der professionellen Arbeitssphäre offen gefordert wurde.

Von Frauen aus der Unterschicht wurde ganz selbstverständlich erwartet, daß sie für ihren Lebensunterhalt selbst sorgten. Der Gesindedienst war für Mägde eine Übergangszeit bis zur Heirat und der Gründung einer eigenen Familie. Die materielle Grundlage eines Hausstandes mußten die Mägde allerdings durch harte Arbeit erwerben. Als verheiratete oder alleinstehende, verwitwete Frauen stellten sie das Gros jener Städterinnen, die sich durch außerzünftische Arbeit, Lohnarbeit und Heimarbeit den Lebensunterhalt verdienten. Die Stadt bot Frauen vielseitige **Arbeitsmöglichkeiten** außerhalb des eigenen Haushalts. Daher lebten in der städtischen Gesellschaft auch viele Frauen außerhalb des „ganzen Hauses" und bestritten, mit oder ohne Mann, als „Eingehäuste", also in Miete Lebende, ihren Unterhalt durch Erwerbsarbeit.

Arbeit

Daß die Arbeit, insbesondere die Erwerbsarbeit, von Frauen ein Zeichen oder eine Folge von Modernisierung und emanzipatorischen Bestrebungen sei, ist ein hartnäckiger Mythos, der die Einschätzung der historischen Lebenswelt von Frauen verzerrt. Wie für die Frauen des „ganzen Hauses" gehörte Arbeit ganz generell und selbstverständlich zum Leben aller Städterinnen des Mittelalters und der frühen Neuzeit. Im städtischen Gefüge entwickelten sich im Laufe des Mittelalters viele jener Arbeitsbereiche zu handwerklich strukturierten Betätigungsfeldern, die im ländlichen Lebenszusammenhang zum Kompetenzbereich der Frauen gehörten, so der Umgang mit Lebensmitteln und Textilien. In der Stadt hingegen wurden diese Aufgaben von Metzgern, Bäckern, Schneidern, Schustern usw. übernommen. Trotz der **Zulassungsbeschränkungen für Frauen in Zünften** haben die Frauen der frühneuzeitlichen Stadt ganz selbstverständlich insbesondere in diesen Bereichen gearbeitet. Neben den Frauen, die zusammen mit ihren Männern, Vätern und Dienstherren arbeiteten, gab es gerade in der Stadt auch viele Frauen, die autonom auf dem freien Arbeitsmarkt ihre Kraft feilboten, bereits vor dem Zeitalter der Manufakturen und Industrialisierung. Zwar war die Arbeit von Frauen aufgrund des besagten weitgehenden Ausgeschlossenseins von den Zünften, die die vormoderne Arbeitswelt entscheidend prägten, weniger sichtbar als jene der Männer, aber gerade in der Stadt war sie auf jedem Sektor unverzichtbar und allgegenwärtig.

Handel. Im lukrativsten Bereich des regen Bozner Handels, dem internationalen Warenaustausch zwischen den italienischen und den süddeutschen Händlern, standen faktisch keine Frauen an vorderster Front. Auswärtige Handelsfirmen waren auf den Bozner Messen durch die Männer vertreten. Die Beteiligung von Frauen an der kaufmännischen Tätigkeit bestand in den deutschen Handelsstädten im Mittelalter und in der frühen Neuzeit darin, daß sie während der häufigen Handelsreisen und der damit verbundenen langen Abwesenheit der Männer zu Hause die Geschäfte führten. Bozen war Sitz zahlreicher Vertretungen der deutschen und italienischen

Händlerinnen vor dem Bozner Merkantilmagistrat

 Häuser. Frauen haben zwar ohne Zweifel neben Haushalt und Repräsentationstätigkeiten in Kontor und Gewölben gearbeitet, ihre Arbeit wird aber kaum sichtbar: Während des über zweihundertjährigen Bestehens des Bozner Merkantilmagistrats fand sich nur eine Frau unter den am Marktgericht beteiligten Bozner Kaufmännern, und zwar Ende des 18. Jahrhunderts, Maria von Hepperger geb. von Mayrl, die als „Karl Hepperger's Witwe" in den Merkantil-Matrikeln aufscheint.

Während das großkaufmännische Milieu der Bozner „Pfeffersäcke" männlich geprägt und dominiert war, war der **Kleinhandel** ein wichtiger Erwerbszweig für Frauen. Sie standen als Krämerinnen hinter der Ladentheke und als „Gramplerinnen" auf dem Obstmarkt hinter den Ständen, wo sie neben Lebensmitteln noch andere Waren feilboten. Frauen führten auch selbständig Läden: Neben zwei Krämerinnen sind in den Bozner Inwohnerlisten drei „Melblerinnen" (Mehlverkäuferinnen), eine Schmalzlerin, eine Geschirr- und eine Flachshändlerin angeführt, die allerdings auch auf der Straße oder als Hausiererinnen gearbeitet haben könnten. Um Handel treiben zu können, mußte die Konzession des Stadtrates eingeholt werden. 1817 bewilligte dieser das Ansuchen von **Christine Demetz**, einen Kleinhandel betreiben zu können; desgleichen das Ansuchen von **Anna Lafoglerin**, verehelichte Mittelbergerin, im kleinen eine Trödlerei errichten zu dürfen. Nicht in jedem Fall gab es positive Gutachten. 1820 wurde das Gesuch von **Ursula Rottenstein** aus Mittewald um die Verkaufslizenz von Bändern und Mandelseife mit dem Argument abgelehnt, daß diese Waren bereits in Bozner Läden verkauft würden. **Magdalena Urthaler** aus Gröden, „Standlhandlerin", erhielt hingegen die Erlaubnis, sich an den Bozner Wochenmärkten zu beteiligen. Diese fanden mittwochs und samstags statt und hatten zentrale Bedeutung für die Deckung des Lebensmittel- und Kleinwarenbedarfs der Stadt. Der Stadtrat gab sich redlich Mühe, den Straßenhandel zu kontrollieren. Immer wieder wurde Gramplerinnen verboten, ihre Waren direkt auf der Straße feilzubieten, und nicht angemeldeten Händlerinnen der Verkauf untersagt, so zum Beispiel den auf dem Obstmarkt tätigen „Kiachlbacherinnen". 37

Frauen waren von Zünften ausgeschlossen. Trotzdem fanden sie bedeutsame Nischen in der frühneuzeitlichen Arbeitswelt, neben ihren Männern und Vätern, als Selbständige und als Arbeiterinnen.

Gewerbe. Frauen waren vom zünftischen Gewerbe weitgehend ausgeschlossen: Sie konnten **weder Lehrling, noch Gesellin, noch selbständige Meisterin** werden. Dadurch waren die Erwerbsmöglichkeiten von Frauen im Handwerk zwar erheblich eingeschränkt, es bedeutete aber nicht, daß sie mit dem Bäcker-, Metzger-, Faßbinder-, Schneider- oder Schuhmacherhandwerk, um nur einige der wichtigsten Gewerbezweige in Bozen in der frühen Neuzeit anzuführen, nichts zu tun hatten. Frauen erfüllten im Umfeld des zünftisch organisierten Gewerbes wichtige Funktionen und setzten ihre Arbeitskraft, wie oben beschrieben, im „ganzen Haus" als Lohnarbeiterinnen und als Freischaffende ein.

Als Witwen hatten die Ehefrauen das Recht, den Betrieb ihres Mannes fortzuführen. Sie bedurften allerdings der Zustimmung des Stadtrates: 1674 bewilligt der Bozner Rat **Christina Achtmarktin**, Witwe des Stadtmetzgers Hans Urmacher, die Weiterführung der Metzgerei bis Ende 1675. Witwenbetrieben wurden einige Rechte abgesprochen, wodurch eine länger andauernde weibliche Führung behindert wurde. So durften **Witwenbetriebe** keine Lehrlinge aufnehmen und ausbilden; sobald der Meister gestorben war, mußten sich die Lehrlinge eine neue Stelle suchen. Tatsächlich wurden Witwen mehr oder weniger offen dazu angehalten, sich möglichst bald wieder zu verheiraten. Die Ehe mit einer Handwerkerswitwe öffnete Gesellen den Zugang zu den zahlenmäßig begrenzten und äußerst begehrten Meisterstellen. Die städtischen Zünfte wachten strikt über die Anzahl der in ihrem Gewerbe Tätigen. Für Bozen war die Höchstzahl der Schneidermeister in der frühen Neuzeit auf 24 in der Stadt, zwei in Zwölfmalgreien, je einen in Gries und Leifers festgesetzt, wobei die Betriebe von Meisterswitwen mitgezählt wurden. Die Zahl konnte ausschließlich durch einen Meisterssohn, der die Absicht hatte, eine Meisterswitwe oder Meisterstochter zu heiraten, kurzfristig überschritten werden. Meisterssöhne, Ehemänner von Meisterswitwen oder Meisterstöchtern mußten nicht wie alle übrigen Gesellen, die sich um eine Meisterstelle bewarben, eine dreijährige Lehrzeit nachweisen; bei ihnen genügte die Anfertigung eines Meisterstücks als Nachweis ihrer handwerklichen Fähigkeiten. So verlief der Weg zum Meister häufig über die **Ehe mit einer Meisterstochter**, die selbst die Möglichkeit hatte, das Gewerbe ihres Vaters weiter zu betreiben, wenn sie die Ehe mit einem Gesellen ins Auge faßte. **Maria Lindner** suchte 1820 beim Stadtrat um die Bewilligung an, das von ihrem Vater und Stiefvater ausgeübte Handschuhma-

chergewerbe fortzuführen, mit dem Hinweis, daß sie gewillt sei, einen ihrer Gesellen zu heiraten.

Grundvoraussetzung für einen Gesellen, der zur Meisterwürde gelangen wollte, waren die Einschreibung in die Zunft, die Aufnahme als Bürger oder Inwohner, die eheliche Geburt (die bereits bei Lehrlingen Voraussetzung war) und die Ehe oder zumindest konkrete Heiratsabsichten. Innerhalb eines halben Jahres mußten sich ledige Gesellen, die in den Meisterstand aufgenommen worden waren, verehelichen, sonst konnte ihnen die Meisterwürde wieder entzogen werden. Wie eng Meisterdasein und Ehestand verknüpft waren, zeigt ein Beispiel aus dem Malerhandwerk Anfang des 17. Jahrhunderts: 1608 beklagten sich drei Bozner Malermeister beim Stadtrat über den Maler Ludwig Pfendter aus Rom, der fremde Meister, Gesellen und Lehrjungen mit Arbeiten betraute, „so er doch derzeit noch unbeheiratet seie". Da Pfendter weder „zu eines hieigen Meisters Tochter noch Wittiben verheirat" war, noch die Absicht zu einer solchen Eheschließung bekundet hatte, sollte ihm verwehrt werden, als Malermeister zu arbeiten.

Witwe Mumelter mit Söhnen und Töchtern, Griesbauer – Zwölfmalgreien, Bozen

Die Inwohnerlisten Bozens vom 16. bis zum Beginn des 18. Jahrhunderts geben (leider nicht immer) den Beruf der aufgenommenen Frauen an. Das berufliche Spektrum **gewerbetreibender Frauen** ist vielfältig: Branntweinbrennerinnen, Kerzenmacherinnen, eine Fischerin, eine Schmiedin, eine Schusterin, Seifensiederinnen, Krapfen-, Lebzelten- und Oblatenbäckerinnen und eine Vielzahl von Näherinnen und andere im Textilgewerbe tätige Frauen, so Hauben- und Kapplmacherinnen, Decken- und Matratzenmacherinnen, Bandmacherinnen, Tuchschererinnen, Seidenwinderinnen, Strickerinnen, Wollkardätscherinnen. Nun kann für die frühe Neuzeit allein von der Berufsbezeichnung nicht

Die Pfarrkirche von Bozen, im Hintergrund das Heilig-Geist-Spital auf einem Stich von 1833

des heutigen Hauptpostamtes. Das Spital war für alle Kranken und Leidenden, auch für Arme und bedürftige Durchreisende zuständig. Nur Leprose und Epileptiker waren im **Sondersiechenhaus** unter dem Virgl untergebracht.

Das Grundstück, auf dem das Heilig-Geist-Spital entstand, war 1271 von der Witwe Elissa Neuner ihrem Schwager, dem Leiter des schon bestehenden Armenhauses, unter Ausbedingung des Fruchtgenusses vermacht worden. Die Leitung des Heilig-Geist-Spitals hatte in der frühen Neuzeit ein vom Stadtrat bestelltes Meisterpaar inne. Die **Spitalmeiste-**

rin hatte insbesondere für die Erfüllung des peinlich genau festgeschriebenen Speiseplans zu sorgen. Im 14. Jahrhundert haben Frauen nachweislich mehrere Jahre lang das Bozner Spital in Alleinregie geführt; so hat Haeilbiga als „magistra et rectrix", als Meisterin und Leiterin, das Heilig-Geist-Spital von 1309 bis 1330 verwaltet. Einige Jahre später war es die „Herrin Spaeta Sharem Duyerinna genannt".

Die Bozner Quellen führen außerdem zahlreiche Spitalpflegerinnen und Krankenwärterinnen an, die aber vermutlich auch außerhalb des Spitals tätig waren. Immer schon kümmerten sich vor allem Frauen um Notleidende: Den 17 Krankenwär-

Detail des Hauptportals des Bozner Domes, das dem Thema Mutterschaft gewidmet ist

terinnen, die die Bozner Inwohnerlisten verzeichnen, stehen acht Krankenwärter gegenüber.

Rund um die **Geburt** fanden Frauen ein weiteres breites Betätigungsfeld. Nur sehr arme Frauen entbanden im Spital. Bis zur Mitte des 20. Jahrhunderts fand die Geburt zu Hause statt, unter der Betreuung von Hebammen. Die Hebammen waren öffentlich Bedienstete: Sie wurden vom Bozner Stadtrat angestellt, von der Stadt entlohnt und unterstanden städtischer Kontrolle. Die Stadt vergab drei Hebammenstellen; daneben hat es in Bozen wahrscheinlich auch frei praktizierende Hebammen gegeben. Die Geburt war traditionell ein von Frauen bestimmtes Handlungsfeld: Neben der Mutter und der Hebamme war ein ganzer Kreis von weiblichen Verwandten und Nachbarn daran beteiligt. Während des sechswöchigen Wochenbettes kümmerten sie sich um Mutter und Kind und begleiteten das Neugeborene durch zahlreiche Festlichkeiten in die Welt und die Mutter in einen neuen Status. In der Stadt wurden die Wochenbettpflege und die Arbeiten im Haushalt (die Wöchnerin durfte vierzehn Tage ihr Bett und weitere zwei Wochen die Stube nicht verlassen) auch von bezahlten Frauen übernommen. In den Bozner Quellen werden diese als **Pflegammen** bezeichnet; sie kombinierten ihre Tätigkeit mit der Krankenpflege oder dem Ammendienst. So war zum Beispiel **Johanna Planklin** 1759 in Gries als Pflegamme und Krankenwärterin tätig, oder **Anna Scheyerlin** 1687 in Bozen als Amme und Krankenwärterin. Daß es in wohlhabenden Familien üblich war, das Neugeborene gegen Bezahlung einer Amme anzuvertrauen, bot vielen Frauen gerade im städtischen Umland eine willkommene Verdienstmöglichkeit.

Öffentliche Bäder hatten im Mittelalter und in der frühen Neuzeit neben der hygienischen Funktion eine medizinische und waren darüber hinaus Stätten der Geselligkeit. In Bozen gab es zwei Bäder **am Obstmarkt**, das eine wurde das „untere" Bad genannt, das andere das „obere". Männer und Frauen vertrauten sich gemeinsam den heilenden Kräften des Wassers und den Händen der zahlreichen Bademägde und -knechte an. Geführt wurden die Bäder von Badern, die meist auch Barbiere oder Wundärzte waren und damit über medizinische Kenntnisse verfügten. Neben dem Baden in Schwitz-, Dampf- und Wasserbädern konnten sich die Besucher einer umfassenden Körperpflege unterziehen, von Massagen, Nagel- und Haarpflege über das Aderlassen, Schröpfen, Klistieren bis hin zur Behandlung von Wunden und Knochenbrüchen.

Mit dem Baden ging auch ein ausgeprägtes geselliges Leben einher: Essen, Trinken, Gesellschaftsspiele und wahrscheinlich auch die Möglichkeit zu sexuellem Kontakt. Der Zuständigkeitsbereich der Bademägde und -knechte war weit gefächert, und Männer und Frauen badeten gemeinsam. Der Besuch von Badestuben galt als Recht aller sozialen Schichten: Den Dienstboten stand ein Badegeld zu; auch ein Teil des Beamtengehaltes war für den Besuch der öffentlichen Bäder bestimmt; der Armenfonds bezahlte kranken und bedürftigen Menschen das Baden in städtischen Bädern oder, im Laufe des 17. Jahrhunderts, in Wildbädern. So erhielten 1612 die Bozner Fürsorgeempfängerinnen Sara Fingerling und Eva Mulserin drei Gulden aus dem Armenfond für eine Gesundheitskur in einem Wildbad; der Fingerling wurde 1615 vom Bozner Almosenmeister sogar ein Gulden als Zuschlag ins Wildbad nachgeschickt.
Zu diesem Zeitpunkt war die Blüte der städtischen Badekultur bereits überschritten: Die Verbreitung der Syphilis in ganz Europa, aber besonders die Gegenreformation mit ihrem moralischen Impetus sorgten für die Schließung der städtischen Bäder oder deren Umfunktionierung in nach Geschlechtern getrennte, auf Körperhygiene abgezielte Einrichtungen.

Land- und Gastwirtschaft. Bozen war agrarisch geprägt. Die meisten Bozner Stadtbürger besaßen Grundstücke im Umland, die sie selbst führten oder verpachteten. Die Bozner Inwohnerlisten nennen zahlreiche Tagwerkerinnen oder Tagelöhnerinnen, die in der Landwirtschaft beschäftigt waren, aber auch Frauen, die analog der männlichen Berufsbezeichnung „Baumann" als „Baumannin" oder „**Baumännin**" bezeichnet werden; so Margareta Eggerin 1710 oder Maria Willerin 1765, als „baumannin ausser Rentsch". Frauen treten nicht selten selbst als Pächterin, aber auch als Käuferin oder Verkäuferin von Baurechten auf, meistens aber gemeinsam mit ihrem Mann. Das

 Bozner Häuserverzeichnis von 1828 listet zahlreiche **„Gutsbesitzerinnen"** oder „Gutsbesitzers-Witwen" als Haushaltsvorstände in Bozner Häusern der Innenstadt auf; vereinzelt finden sich auch Frauen, die ihre Grundstücke verpachten. 1686 wird Thomann Gumerer, „der frauen Elisabeth Koflerin witiben paumann", Pächter der Witwe Elisabeth Kofler, als Inwohner aufgenommen, 1709 Lorenz Moran, „paumann bei der Fennerischen frauen wittiben", und 1720 Hans Rayer, „der Cramerpechlin paumann".

In den Zwölfmalgreien wurden vor allem Reben zur Weinproduktion angebaut, aber auch Obst, Gemüse und Getreide. Während der Weinhandel einen wichtigen Bereich des Bozner Exports ausmachte, dienten die restlichen landwirtschaftlichen Produkte vorwiegend zur Deckung des Bedarfs der

Winzerin am Leitacher Törl, Nebenportal der Bozner Pfarrkirche. Leitach ist eine bedeutende Weingegend im Norden Bozens.

Stadtbewohner. Wein wurde in großen Mengen in der Stadt ausgeschenkt: in den zahlreichen Wirtshäusern und den noch zahlreicheren sogenannten „Weinbuschen", in denen zum Eigenbau nur kalte Speisen, Speck, Wurst, Käse serviert werden durften. Jeder Bürger und Inwohner hatte das Recht, seinen Eigenbau feilzubieten, die Bürger ganzjährig, die Inwohner von April bis zur neuen Ernte. Auch Inwohnerinnen machten von diesem Recht Gebrauch. So erhält **Maria Elisabeth verwitwete Vorhauserin** 1742 vom Stadtrat die Erlaubnis, Wein am Buschen auszuschenken. Das Recht galt nur für HausbesitzerInnen; Katharina Englin, Witwe Rößler, wurde 1818 das Ansuchen um die Erlaubnis zum Weinausschank vom Rat abgeschlagen, weil sie kein Haus in der Stadt besaß. Auf die Witwen von Bürgern ging das Recht zur Weiterführung des Buschenschanks über. Da das Buschenschankwesen nicht zünftisch organisiert war, standen diese Witwen nicht wie im Handwerk unter dem Druck, sich wieder verheiraten zu müssen.

Eine traditionell entscheidende Rolle spielten Frauen im überaus florierenden Gastgewerbe. An die 70 Gasthäuser soll es in Bozen im 16. Jahrhundert gegeben haben. Hoeniger (Altbozner Bilderbuch) führt allein in der Laubengasse zwölf, in der Fleischgasse (heute Museumstraße) neun und in der Binder- und Weintraubengasse 15 Gastwirtschaften an. Frauen fanden darin als Kellnerinnen, Köchinnen, Zimmermädchen usw. Beschäftigung und nahmen vor allem als Wirtinnen eine herausragende Rolle ein. 1312 taucht die **Wirtin Glumagin** in Bozen urkundlich auf; in späteren Quellen sind zahlreiche Ehen mit Bozner Wirtinnen als Anlaß zum Ansuchen um die Bürgerschaft dokumentiert: 1616 erhält Balthasar Premstaller „gew.(ester) Kellner am Schlüssel" als Gastwirt am Riesen die Inwohnerschaft, da er Tobias Gartners Witwe Catharina Bernwertin geheiratet hat; 1597 wird Paul Khinig aus Rentsch als Inwohner und Wirt am Hirschen aufgenommen, weil er „Silvester Zimmermann's gew.(ester) Wirt am Hirschen hinterlassene Witwe" zu heiraten beabsichtigt. Frauen haben, zumindest zeitweise, Gastwirtschaften auch in Eigenregie geführt; explizit wird **Christina Schgrafferin** als „Wirtin am Mondschein zu Botzen" genannt.

Als Ende des 18. Jahrhunderts das Kaffeetrinken unter dem Städtebürgertum zur Mode wurde, entstanden auch in Bozen Kaffeehäuser, die mehrheitlich von Frauen geführt wurden. 1828 lebten zwei Frauen als „**Kaffeschenkerin**" in Bozen, **Magdalena Schgraffer** am Kornplatz und **Anna Kofler** in der Dominikanergasse. 1819 gibt Katharina Witwe Bstieles geb. Schnitzer ihr Kaffee-Schank-Gewerbe an das Ehepaar Poch in Pacht.

Fahrende Frauen – arme Frauen

Von Armut waren Frauen in vormoderner Zeit wie heute in besonderer Weise betroffen. Die große Gruppe der weiblichen Armen gehörte in der frühen Neuzeit zu den anerkannten Armen, sprich zu jenen, die vom städtischen Armenfonds, von Zünften und Bruderschaften und kirchlichen Einrichtungen Unterstützung erhielten. Zu ihnen gehörten vor allem Witwen oder sonstige alleinstehende Frauen, die in die städtische Gesellschaft integriert waren und trotz Armut eine relative Anerkennung genossen. Daneben lebte am Rande der städtischen Gesellschaft eine kleine Gruppe von Menschen, die sich ohne Bürgerrechte und Arbeitsplatz und ohne Armenvorsorge durchs Leben schlug: Bettler, Künstler, Exkommunizierte und des Landes Verwiesene. Auch Frauen waren darunter, die sich irgendwie durchbrachten, als Gelegenheitsprostituierte oder als Wallfahrerinnen gegen Bezahlung oder in sonstigen ambulanten, wenig einbringenden Gewerben. Als fahrendes Volk werden die Ausgestoßenen und Randständigen früherer Zeiten bezeichnet, die im Mittelalter zu den bevorzugten Almosenempfängern der kirchlichen Wohlfahrt gehörten, in der frühen Neuzeit aber zunehmend an den Rand der Gesellschaft gedrängt und behördlich bekämpft wurden. Als nicht Seßhafte wurden sie im Stadtgebiet zwar für einige Zeit toleriert, hatten aber de facto keine Bettelberechtigung und konnten daher jederzeit aus der Stadt verwiesen werden. Bettlerschübe, behördlich organisierte Abtransporte von Vagierenden über die Landesgrenzen hinaus gab es in der frühen Neuzeit immer öfter, dabei wurden die fahrenden Menschen zunehmend kriminalisiert, da sie nach der Zwangsausweisung doch meistens wieder zurückkehrten und sich dadurch strafbar machten und auch hart bestraft wurden *(siehe Kap. Kriminalität)*.

Die registrierten **Almosenempfänger**, also die anerkannten Hilfsbedürftigen, waren an die **80 Prozent Frauen**. Auch die Bozner Quellen zeichnen dieses Bild einer feminisierten Armut. Die gesellschaftlichen Rahmenbedingungen bargen für Frauen ohne materielle Absicherung durch einen Mann ein relativ großes Verarmungsrisiko; betroffen waren Witwen, alte Frauen und alleinstehende Frauen mit Kindern. Während sie eine ausreichende Versorgung durch den städtischen Armenfonds genossen, lebten die wirklich Armen unter schwersten Bedingungen. Unter ihnen sind zwar weniger Frauen als Männer zu finden, diese Frauen erfuhren aber eine noch größere Diskriminierung als ihre männlichen Schicksalsgenossen. Frauen unterlagen einem stärkeren sozialen Anpassungsdruck, konnten sie diesem nicht folgen, waren sie moralisch völlig deklassiert. Bis ins 19. Jahrhundert wurde diese weibliche Armut nicht als Folge schlechter Arbeits- und sozialer Bedingungen interpretiert, sondern als Ausdruck sittlicher Verdorbenheit und als Folge des typisch weiblichen Hangs zu Faulheit und Müßiggang, und da Armut oft tatsächlich oder vermeintlich mit Prostitution einherging, als spezifisch weibliche Liederlichkeit *(siehe Kap. Prostitution)*.

2

Religion

Die Religion der Frauen

Maria die Reine, Eva die Sündige: zwei Modelle für die christliche Frau, das eine unerreichbar, das andere als Bedrohung ständig vor Augen

In vormoderner Zeit war Religion keine Frage des Gewissens und der persönlichen Haltung, sondern ein umfassendes Deutungs- und Ordnungssystem. Für Frauen war Religion, in unseren Breitengraden vornehmlich der christlich-katholische Glaube, in zweifacher Hinsicht bedeutsam. Die Hinwendung zu einer anderen Dimension des Lebens bot Frauen die Möglichkeit, die enggesteckten Grenzen des irdischen Frauenlebens zu lockern oder sich seinen Anforderungen ganz zu entziehen. Andererseits war gerade die katholische Kirche bestrebt, Menschen nach ihren Vorstellungen zu formen, wobei sie über vielfältige Mittel zur Disziplinierung, zur körperlichen und seelischen Beeinflussung verfügte. Den Frauen wurde dabei ein passiver Part zugeschrieben, ihnen wurde nahegelegt, sich den gängigen Machtverhältnissen zu beugen, wie das Gottes Wille angeblich vorsah.

Das bedeutete vor allem, ihren Eltern gegenüber gehorsam zu sein und später neben ihrem Mann in Demut, Stille und Zurückgezogenheit zu leben. Das christliche Frauenbild weist ambivalente Züge auf. Es lehnt sich an zwei entgegengesetzte Figuren an, einerseits an jene der Eva – die sündige, verführerische, sinnlich-materielle Frau – und andererseits an jene der Maria – die heilige, beinahe göttliche, jedenfalls sündenfreie und reine Frau. Beide Bilder haben die Lebensbedingungen der christlich-katholischen Frauen zutiefst beeinflußt, Eva als die sündige Stammutter und Maria als unbedingt nachzuahmendes, nie zu erreichendes Ideal. In der Praxis impliziert diese Ambivalenz im Glaubenssystem eine Vielzahl

Der selige Heinrich von Bozen vertraut Maria die Stadt Bozen an. Ölgemälde 1802

 von Reaktionsmöglichkeiten für Frauen, die grob mit Befreiung und Ausbruch einerseits, mit Unterordnung und Pflichterfüllung andererseits umschrieben werden können.

Die Heiligen

Vorbild – Fürsprache – Liebesobjekte

Das religiöse Empfinden christlicher Frauen und Männer, der sinnliche Aspekt von katholischer Religiosität sind maßgeblich von intensiver Heiligenverehrung geprägt. Heilige sind Menschen mit einer konkreten Lebensgeschichte, sie haben in nachvollziehbarer Weise ihr Leben Gott

Jungfrau mit Bart

Die hl. Kümmernis

Die hl. Kümmernis ist eine legendäre Gestalt, deren historische Existenz nicht gesichert ist, die aber in der christlichen Imaginationswelt überall in Europa, besonders aber in Bayern und Tirol, einen prominenten Platz einnimmt. Die große Tat der hl. Kümmernis oder Kummernuß, auch Wilgefortis oder Liberata genannt, besteht darin, ihrem Vater nicht gehorcht zu haben. Dieser König des vorchristlichen, also noch heidnischen Portugal, wollte sie an den ebenfalls heidnischen König von Sizilien verheiraten. Die hl. Kümmernis aber war zum Christentum übergetreten und wollte ihr Leben betend Gott weihen. Als Braut Jesu würde sie keinen anderen zum Mann nehmen. Da ihr Vater geschenkt, sich meist märtyrerhaft für den „wahren" Glauben eingesetzt und sich dadurch einen wichtigen Platz im Himmel erobert. Sie sind Vorbilder für den christlichen Lebensweg des einzelnen und als VermittlerInnen zwischen Mensch und Gott FürsprecherInnen in vielen Lebensbelangen. Aber Heilige sind noch mehr; auf sie richtet sich das Begehren, die Liebe, die sich in der Identifikation mit ihrer Leidensgeschichte und ihren christlichen Charaktereigenschaften offenbart. Als Liebesobjekte sind Heilige Leitbilder, deren Verehrung und Anbetung zu einer intensiven emotionalen und geistigen Identifikation führt, die durch wiederholtes Lesen und Erzählen der Heiligenviten, durch das Anrufen in Gebeten, das Sprechen der Litaneien und über die Wahrnehmung der unzähligen bildlichen Darstellungen erfolgte.

Die hl. Kümmernis in der Dominikanerkirche, Fresko um 1400.

Statue der hl. Kümmernis in der St.-Oswald-Kapelle zu Troyenstein in Gries bei Bozen.

keinerlei Verständnis für den frommen Lebensplan seiner Tochter hatte, bat Kümmernis so lange Gott im Gebet um Hilfe, bis er ihr einen Bart wachsen ließ, der ihre Attraktivität schlagartig minderte. Auch der um sie werbende König sah nun von seinen Heiratsgelüsten ab, und Kümmernis war das drohende Ehejoch los. Doch ihr Vater ließ sie aus Wut zunächst ins Gefängnis sperren, martern und nach einiger Zeit kreuzigen. Während Kümmernis jesusgleich am Kreuz hing, ihr Leid geduldig ertrug und schließlich starb, geschahen viele Wunder – Erscheinungen, Bekehrungen, Heilungen usw. –, die keinen Zweifel an ihrer Heiligkeit ließen. Am Fresko in der ***Dominikanerkirche*** *ist im Gegensatz zu anderen Abbildungen der Heiligen nicht zu erkennen, daß es sich um eine bärtige Frau handelt. Daß mit Sicherheit trotzdem die hl. Kümmernis an den dominikanischen Wänden verewigt worden ist, verraten der verlorene goldene Schuh, der Kelch und der Spielmann zu ihren Füßen. Die drei Elemente weisen auf ein weiteres Wunder hin, und zwar auf die „beinahe Auferstehung" der hl. Kümmernis oder zumindest ihr zeitweiliges Erwachen aus dem Todesschlaf. Der Spielmann ist ein Pilger, der unter einem Heiligenbild der gekreuzigten Kümmernis auf seiner Geige spielt. Unter Einwirkung des Heiligen Geistes hebt Kümmernis den rechten Fuß vom Nagel und wirft dem Spielmann den kostbaren Schuh zu. Der fromme Geiger verkauft den Schuh und hilft mit dem Verdienst den Armen.*

 Zwar haben Frauen wie Männer sowohl weibliche als auch männliche Heilige verehrt, aber als Identifikationsfiguren haben weibliche Heilige für Frauen wohl eine größere Rolle gespielt. Daher wird an dieser Stelle nicht näher auf den Ortsheiligen und Schutzpatron von Bozen, den seligen Heinrich, eingegangen, der als armer Tagelöhner durch seine Hilfe für die Armen zu himmlischen Ehren gelangt ist. Vielmehr wird die Geschichte einer sonderbaren Gestalt erzählt, mit der die Heiligenverehrung in Bozen auf besondere Weise verwoben ist, der hl. Kümmernis. Und neben der großen Mutter und Stadtheiligen Anna wird auf einige auch örtlich verankerte weibliche Heilige verwiesen: Magdalena, Justina und Gertraud.

Stillende Männer – erlösende Frauen. Der Glaube des Spätmittelalters ließ durchaus fließende Geschlechtergrenzen zu. Er weist in Texten und Bildern nicht nur bärtige Jungfrauen auf, sondern auch stillende Männer – Jesus als stillende und gebärende Mutter und Maria als Erlöserin in priesterlichen Gewändern, die die Eucharistie zelebriert. Sollte die menschliche Natur Christi, eine zentrale Voraussetzung für die Erlösung, aufgezeigt werden, so erfolgte die Darstellung der Fleischwerdung Gottes häufig durch die Abbildung einer Frau. Auch die Kirche wurde im Mittelalter als Leib Christi aufgefaßt und als Frau dargestellt. Das führte zu einer Vielfalt von Erörterungen über Jesus als Mutter, da Lehrer und Autoritäten als Nährer des Sinnbedürfnisses der Gläubigen galten. Umgekehrt bedeutete Mutterschaft nicht nur reproduktives Lieben und Nähren, sondern auch produktives Erschaffen und Erlösen. Die stillende Madonna, ein Motiv, das weite Verbreitung gefunden hat, wurde oft auch als Eucharistiespenderin dargestellt, die erwachsene Männer oder die gesamte Kirchengemeinde nährt. Auf mittelalterlichen Abbildungen wurden zahlreiche Parallelen zwischen den blutenden Wunden Jesu

Stillende Madonna, das Gnadenbild der Bozner Pfarrkirche aus dem 12. Jahrhundert

und den nährenden Brüsten Marias hergestellt. Mittelalterliche Theologen und Künstler betrachteten alle Körper als weiblich und männlich zugleich. Auf der Grundlage der Texte der Kirchenväter, insbesondere jener des Augustinus und des Scholastikers Thomas von Aquin, wird zwar das Weibliche mit Fleisch und das Männliche mit Geist gleichgesetzt, wirkliche Menschen aber sind im mittelalterlichen Weltbild eine Mischung aus beidem. Obwohl Männer als deutlich überlegen an Geist und Körperkraft begriffen wurden, verschafft das im Christentum fest verankerte Prinzip der Umkehrung – „die Letzten werden die Ersten sein" – Frauen **ungeahnte Möglichkeiten**, die sie in Form von ausgeprägter weiblicher Religiosität intensiv nutzten. Weibliche Bilder wurden in erbaulichen Schriften als Symbole der Unterlegenheit verwendet, die eben deshalb von Gott in Überlegenheit verwandelt werden. Ähnliches geschah mit den zahlreichen Mystikerinnen der Vergangenheit. Gerade durch ihre intensivere Körperlichkeit waren sie für **mystisches Erleben**, das dem sinnlichen Erleben des Göttlichen gleichkam und an äußeren Zeichen abzulesen war – dauerndes Fasten, Stigmata, unverweslicher Körper –, besonders empfänglich. Mit der Einführung einer strikten Trennung zwischen Geist und Körper und einer eindeutigen Höherbewertung der Rationalität im Zuge der Aufklärung werden mystische Phänomene suspekt und die Betroffenen von heiligmäßigen Frauen (oder schlimmstenfalls Häretikerinnen) zu Simulantinnen oder Geisteskranken.

Die Himmelblauen jenseits der Talfer

Ein Leben für Gott und unter Frauen

Bozen hat im Gegensatz zu Brixen und Meran, wo im 13. Jahrhundert Klarissenklöster entstanden, keine traditionsreichen Frauenklöster. Bozen ist eine Stadt der Männerorden: Franziskaner, Dominikaner, Augustiner-Chorherren (später Benediktiner Muri-Gries) und Kapuziner. Das einzige Frauenkloster, das diese Reihe von großen und geschichtsträchtigen Männerklöstern unterbricht, ist das Cölestinerinnenkloster oder **Kloster Rottenbuch**, das von 1695 bis 1782 südlich des Ansitzes Rottenbuch, des heutigen Denkmalamtes, im Wohnhauskomplex gegenüber dem Gebäude des Korpskommandos, begrenzt vom IV.-November-Platz, der Armando-Diaz-Straße, der Longon-Straße und der Freiheitsstraße bestand.

Das Kloster der Cölestinerinnen wurde 1695 von Maria Victoria, Gräfin von Sarnthein, gegründet. Die von Kaufleuten zu Grafen aufgestiegenen Sarnthein, förderten den Klosterbau unweit ihres Sitzes in Rottenbuch. Maria Victoria war vorher ins 1643 in Steyr gegründete Cölestinerinnenkloster eingetreten und dann nach Bozen gekommen, um die erste Äbtissin des neuen Klosters zu werden. Die **Cölestinerin-**

nen oder Himmelblauen sind nach der Farbe des hellblauen Umhangs benannt, den sie über dem weißen Kleid trugen. Nach der Ausrichtung ihrer Regel hießen sie auch Annunziatinnen. Sie gehörten zum Orden der Verkündigung Marias und folgten der Regel des hl. Augustinus, die ein weltabgeschiedenes Leben in Gebet und Meditation vorsieht. Die Gründerin dieses Zweiges des Ordens der Annunziatinnen, Maria Vittoria Fornari Strada aus Genua, gab der Himmelblauen-Regel eine zweifache Ausrichtung: zum

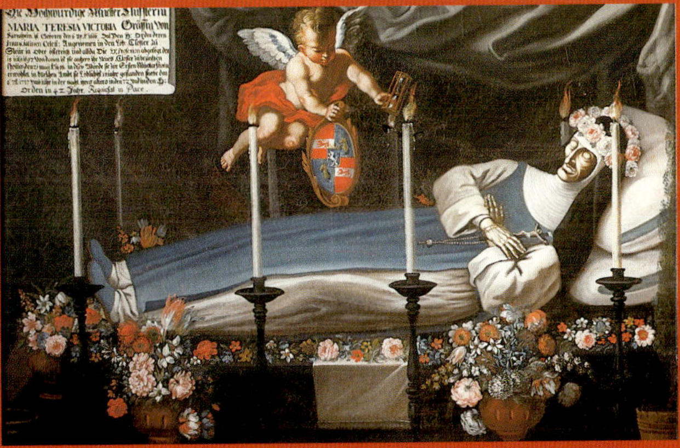

Maria Victoria

Gräfin von Sarnthein

Sie starb mit 72 Jahren nach jahrelanger Krankheit, die in den Berichten über sie die Züge eines mystischen Leidens annimmt – seltsame Krämpfe, Schlaflosigkeit – das sie mit einem Lächeln meisterte. Schon als Äbtissin hatte sie außergewöhnliche Fähigkeiten, vor allem ein großes Einfühlungsvermögen in die Gefühlslagen anderer. Sie kasteite sich selbst, indem sie in absoluter Klausur lebte. Die anderen Klosterfrauen durften dreimal im Jahr ihre Verwandten empfangen. Maria Victoria erlaubte nicht einmal ihrem Bruder, dem Mitstifter des Klosters, den Zutritt. Zerbrach sie ein Gefäß, band sie sich zur Bestrafung für die Unachtsamkeit die Scherben um den Hals. In Richtung Heiligkeit weist die Überlieferung, daß sie ihr geduldiges Lächeln auch nach dem Tod beibehalten habe. Maria Victoria hat für die Gründung des Klosters Rottenbuch zugunsten ihres Bruders testamentarisch auf ihren gesamten Besitz verzichtet.

Das Bild mit Maria Victoria, Gräfin von Sarnthein, im Totenbett hängt im Kloster Muri-Gries in Bozen.

Die grosse Mutter

Anna

Die Betonung der Menschennatur Christi hat zu unzähligen Darstellungen seiner weiblichen Abstammung geführt. Anna Selbdritt – Anna, als große, schützende Mutter Marias mit Maria und ihrem Sohn Jesu, zeugt davon, und bot gleichzeitig eine Art weibliche Dreifaltigkeit, die in der mittelalterlichen Vorstellungswelt durchaus einen wichtigen Gegenpart zur männlich dominierten göttlichen und kirchlichen Hierarchie zu spielen vermochte. Das älteste Kloster Bozens, das **Franziskanerkloster,** hat sich in besonderer Weise der Anna-Verehrung verschrieben: eine Kapelle, vom Kreuzgang aus zugänglich, ist ihr gewidmet, der Annaaltar ist mit einer Anna Selbdritt ausgestattet, und seit 1372 wurde am Franziskanerkloster eine St.-Anna-Bruderschaft geführt. Eine sehenswerte Holzfigur in der **Alten Grieser Pfarrkirche** aus der 2. Hälfte des 17. Jahrhunderts zeigt Anna Selbdritt im Zentrum der 14 Nothelfer. Anna ist wie Maria eine vielseitige Helferin; sie wurde in sämtlichen Lebenslagen angerufen, gegen Krieg und Krankheit, für Kindersegen und eine glückliche Geburt, in Armut und gegen Unwetter und für eine gute Ernte und ein friedliches Zuhause. Eine besondere Verehrung von seiten der Stadtbevölkerung des Spätmittelalters und der frühen Neuzeit mit deren ausgeprägten Großfamiliensinn und Sippenbewußtsein wurde ihr als „heilige Großmutter Christi", als Stammutter der hl. Sippe, zuteil. Der Stammbaum Jesu, die hl. Sippe, nimmt mit Anna seinen Anfang. Der schöne, um 1400 entstandene Freskenzyklus zum Leben Marias in der **Virgiliuskirche** schließt mit einer Abbildung der hl. Sippe: Anna als Hauptfigur zentral, im Hintergrund ihr erster Mann Joachim, in der Mitte Maria und Joseph mit dem Jesuskind und an jeweils einer Seite zwei Töchter Annas aus der zweiten und dritten Ehe, Maria Kleophas, mit ihren vier Söhnen Jakobus dem Jüngeren, Tadeus, Barnabas und Simon, und Maria Salomas, mit ihren Söhnen Johannes dem Evangelisten und Jakobus dem Älteren. Ein ebenfalls eindrucksvolles Fresko der hl. Sippe ist um 1360/70 in der Kirche **St. Johann im Dorf** entstanden, und ein weiteres schmückt einen Teil des schon 1308 erwähnten Kreuzganges des **Dominikanerklosters** in Bozen.

Anna Selbdritt am Flügelaltar von Hans Klocker in der Franziskanerkirche in Bozen, um 1500

Heilige Sippe, Fresko in der Kirche St. Johann im Dorf, um 1360/70

einen die Anbetung des fleischgewordenen Wortes und zum anderen die Anbetung der Mutterschaft Mariens, die als Gottesgebärerin und Werkzeug Gottes die Erlösung der Menschheit ermöglicht hat. Das kontemplative Leben der Himmelblauen konzentrierte sich auf die Fleischwerdung Jesu und die Mutterschaft Mariens. Kennzeichen ihres Klosterlebens war die **strikte Klausur**; der Horizont der Nonnen sollte nach dem Willen der Gründerin den „Himmel" ihrer Zellen und der hellblauen Klosterbögen nicht überschreiten. Trotzdem öffneten sich zu großen Festen dreimal im Jahr die Tore des Klosters Rottenbuch für die Angehörigen, und einige der Nonnen führten die für den Fortbestand des Klosters notwendigen Arbeiten aus.

Das Kloster in Bozen hatte meistens die im Statut vorgesehene Höchstanzahl an Insassinnen, das waren 33 Chorschwestern (zum Gedenken an die 33 Lebensjahre Christi)

Die Cölestinerinnen des Klosters Rottenbuch lebten in strenger Klausur. Sie öffneten nur dreimal im Jahr die Pforten ihres Klosters für ihre Angehörigen. Ansonsten lebten sie zurückgezogen in Gebet und Meditation.

Reuige Sünderin, starke Jüngerin

Magdalena

In der Kapelle St. Magdalena in Prazöll oberhalb von Bozen-Rentsch ist in einem bemerkenswerten Freskenzyklus das Leben der hl. Magdalena, Patronin der Prostituierten und der Winzer, abgebildet. Das erste Bild zeigt ihre Bekehrung durch ihre Schwester Martha, während Maria Magdalena mit einem Liebhaber durch Magdala spaziert. Die zweite Szene zeigt die Fußsalbung Christi. Maria Magdalena wurde von der reuigen Sünderin zu einer der treuesten Anhängerinnen Jesu. Als reiche Gutsbesitzerin unterstützte sie ihn finanziell; er verhehlte und sieben Laienschwestern (zum Gedenken an die sieben Schmerzen Marias). Die meisten von ihnen kamen aus Bozen, einige aber auch aus Innsbruck, Eppan, Brixen, Lana und einige wenige von weiter her. Das Klostergebäude umfaßte neben der Kirche, dem Kreuzgang und der Sakristei ein Laboratorium, ein Refektorium, eine Küche, einen Kapitelsaal, ein Noviziat, eine Bibliothek, einen Krankenraum, einen Betchor und die Zellen der Nonnen. Daneben gab es noch einen Stadel und Stallungen sowie einen Wohnbereich für die weltlichen Dienstboten. Ein Beichtvaterhaus diente den Kolloquien mit den geistlichen Betreuern der Nonnen. Das waren anfangs die Augustiner-Chorherren aus Neustift und ab 1710 die Augustiner-Chorherren aus dem nahe gelegenen Kloster „Zu den geschlossenen Pforten in Gries" (später Muri-Gries). Im **Kloster Muri-Gries** sind jene Reste aufbewahrt, die nach dem Abriß der Klosterkirche und der

seine Liebe zu ihr nicht; sie stand tapfer unterm Kreuz , und sie war die erste, die ihn als Auferstandenen zu Gesicht bekam. Doch all das erzählt der Freskenzyklus in der Bozner Kapelle nicht, sondern er fährt fort mit der Legende über ihr Leben nach dem Tod Jesu und die Vertreibung seiner Anhänger aus Israel. Auf einem steuerlosen Schiff strandet Magdalena mit anderen Christen in Marseille, wo sie den Fürsten und seine Frau durch ihre nächtliche Erscheinung dazu bringt, den Christen zu helfen. Nachdem die unfruchtbare Fürstin auf Fürsprache Maria Magdalenas hin schwanger wurde, reist das Fürstenpaar nach Rom, um sich von der Wahrheit der Erzählungen Magdalenas über Christus zu überzeugen. Auf der Überfahrt gebiert die Fürstin einen Sohn, Mutter und Kind sterben und werden auf einer Insel zurückgelassen. Auf der Rückfahrt trifft sie der Fürst beide, ins Leben zurückgekehrt, an. Wieder in Marseille, übergibt der Fürst Maria Magdalena eine Schriftrolle. Die beiden letzten Szenen des Freskenzyklus erzählen weiter aus dem Leben der Heiligen: Maria Magdalena lebte 30 Jahre einsam und hungernd in einer Felsgrotte. Ihre einzige Nahrung bestand aus dem Gesang der Engel, den sie siebenmal täglich zu hören bekam, während sie von ihnen in den Himmel erhoben wurde. Ein Einsiedler wurde Zeuge ihrer wundersamen Heiligkeit und berichtete dem Bischof Maximus davon. Auf dem letzten Fresko ist die schwebende Magdalena zu sehen, die vom Bischof die Kommunion erhält.

 endgültigen Neugestaltung des Klosterareals um 1930 heute noch an das Kloster der Himmelblauen erinnern.

Abgesehen von der geistlichen Betreuung, die meistens Pater aus demselben Orden übernahmen (viele der Klöster waren Doppelklöster, so zum Beispiel das Klarissenkloster in Brixen), wurden Frauenklöster von den Nonnen selbst verwaltet. Die innere Organisation der Klöster war von einer strengen Hierarchie bestimmt: Der Äbtissin war absoluter Gehorsam zu leisten; wie im Kloster Rottenbuch, gab es meist eine klare Trennung zwischen reichen und weniger reichen Nonnen. In wirtschaftlicher Hinsicht war das Cölestinerinnen-Kloster Rottenbuch

Die Kämpferin

Gertraud

*Inmitten der Neubauten in Haslach steht eine **Kapelle,** die sagenumwobener ist, als ihre schlichte spätbarocke Außenansicht vermuten läßt. 1778 erbaut, war die **St. Gertraudkapelle** bis in die 60er Jahre des 20. Jahrhunderts Mittelpunkt des religiösen Lebens der Haslacher Bevölkerung, die sich lange Zeit auf wenige Höfe verteilte. Die kleine, mit Fresken des zu seiner Zeit vielgepriesenen aus Schlesien nach Bozen gezogenen Malers Carl Henrici ausgeschmückte Kirche hat eine prominente Vorgängerin. Schon 1275 und 1336 ist eine Kirche an den Ufern des Schelmenbaches Richtung Haselburg bezeugt, die ihre Beliebtheit der nahe gelegenen Heilquelle, der „Gertraudenminne", verdankte. Dem Wasser aus dieser Quelle wurde fieberheilende Wirkung zugesprochen; heute ist es Teil des Bozner Trinkwassers.*

Die hl. Gertraud schützt nicht nur vor Fieber, sondern auch vor Mäuse- und Rattenplagen, sie ist die Patronin der Reisenden, der Spitäler und der Witwen. Sie starb nach schwerer Krankheit 659 als Äbtissin des Klosters Nivelles in Brabant, hat sich zeit ihres Lebens in der Krankenpflege und Mädchenbildung betätigt. Ihr wudersames Verdienst ist es, die im Mittelalter als Abbild des Teufels und als unrein geltenden Mäuse durch ihr Gebet vertrieben zu haben. Sie gilt deshalb, und weil sie sich für alle gesellschaftlichen Außenseiter ihrer Zeit eingesetzt hat, als Kämpferin.

autonom. Es lebte von den laufenden Einnahmen aus den Weingütern und Grundrenten und von gestifteten Kapitalien. Im Vergleich zu den anderen Klöstern der Stadt war es aber nicht besonders reich. Ab 1772 wurde den Cölestinerinnen im Sinne der aufgeklärten Kirchenreform die Aufnahme von Novizinnen untersagt, obwohl das Kloster sich dadurch einen wirtschaftlichen Aufschwung erhoffte. Damit begann der Niedergang des Cölestinerinnenklosters, der mit dem Aufhebungsbefehl Kaiser Josephs II. 1782 endgültig wurde. Wie viele kontemplative Klöster, die keiner karitativen oder sozialen Tätigkeit nachgingen, fiel das Cölestinerinnenkloster der

Reinheit und Martyrium

Justina

Die Gestalt ist schillernd, die Legende ist wie jene aller MärtyrerInnen: trist. Justina, die Gerechte, war eine schöne Jungfrau in Antiochien, wo sie den Versuchungen des Zauberers Cyprian durch wiederholte Kreuzzeichen widerstand. Als der Zurückgewiesene seine Ohnmacht erkannte, wurde er von Justina bekehrt und in der Folge Bischof von Antiochien. Wegen ihres Glaubens wurden beide unter Diokletian verfolgt. Ein erster Tötungsversuch in einem mit heißem Pech gefüllten Kessel schlug fehl, der heidnische Priester, der ihnen ihre magische Kraft nehmen wollte, verbrannte selbst. Daraufhin wurden beide enthauptet und folglich in die Reihen der christlichen Märtyrer aufgenommen: Justina als reine Jungfrau, oft mit einem Einhorn im Schoß als Zeichen der Jungfräulichkeit, abgebildet, oder als sich Widersetzende, mit dem Teufel als Versucher zu Füßen, dargestellt.

Weniger schillernd ist die Kapelle oberhalb von Rentsch, im Gedenken an die Märtyrerin erbaut. Die Kapelle St. Justina wurde bereits 1242 urkundlich erwähnt, 1944 wurde sie fast gänzlich mitsamt den Fresken zerstört und zehn Jahre später wieder aufgebaut. Einziges kunsthistorisch wertvolles Überbleibsel ist das Altarbild, das die Märtyrerin und Gott-Vater zeigt.

und die Privatklinik **Grieserhof.** Im Schülerheim **Antonianum** führen sie den Haushalt.

Barmherzige Schwestern. Eine zweite Welle karitativer weiblicher Ordenstätigkeit kam mit den Barmherzigen Schwestern nach Bozen. Die Schwestern der Barmherzigkeit, auch „Vinzentinerinnen" oder „Töchter der Liebe" genannt, gehören zur größten christlichen Frauenkongregation. Diese wurde vom hl. Vinzenz von Paul und der hl. Louise von Marillac 1634 im pestbefallenen Paris gegründet. Laut Ordensregel sollen die Schwestern im Geist der Liebe leben, Christus selbst in den Kranken pflegen und sich als seine Dienerinnen verstehen.
Das Mutterhaus der Barmherzigen Schwestern Bozens befand sich bis zur Abtrennung nach dem Ersten Weltkrieg in Zams. Es wurde 1826 zeitgleich mit dem Zamser Krankenhaus gegründet, von ihm gingen alle Neugründungen in Tirol aus. 1922 wurde eine eigene Südtiroler Ordensprovinz von Zams aus konstituiert, die alle Südtiroler Häuser vereint. Ihr Sitz war zunächst im **Josephshaus** in Gries, ab 1964 in der **Prinz-Eugen-Allee** in der Nähe der Karmelitenkirche. Die größte Niederlassung dieses Provinzialates, das nach wie vor dem Generalat Zams angehört, ist das **Jesuheim in Girlan**. In Bozen sind die Barmherzigen Schwestern im **Elisabethinum** in der Runkelsteinstraße, das sie gegründet haben, im **Benediktinerstift** in Gries und im **Kofler-Institut** in der Vintlerstraße tätig. Auch die Innsbrucker Barmherzigen Schwestern haben Niederlassungen in Bozen, die ebenfalls seit 1922 zur Südtiro-

Mathilde von Valley, Tochter aus dem reichen Haus der von Valley aus Oberbayern, Gemahlin des Grafen von Tirol, Arnold von Morith und Greifenstein, hat wenig Spuren hinterlassen. Eine macht sie aber in der Geschichte Bozens unvergessen: ihre Abbildung in Stein auf ihrem Grabmal an den Wänden der Stiftskirche des heutigen Benediktinerklosters Muri-Gries. Mathilde hat um 1160 auf ihrem Meierhof in Gries das Augustiner-Chorherrenstift in der Au gegründet, das bis zu seiner Aufhebung 1807 eine zentrale Rolle im Land spielte. 1845 zogen die Benediktiner des aufgehobenen Klosters Muri in der Schweiz ins verlassene Chorherrenstift.
Wann Mathilde, Gräfin von Greifenstein gestorben ist, ist ungewiß, wahrscheinlich aber vor 1174 und einige Jahre nach dem Tod ihres Mannes 1166. Sie scheint als

ler Ordensprovinz gehören. Diese hatte bis 1944 ihren Sitz im dem Bozner Krankenhaus angeschlossenen Schwesternhaus, danach im eigenen Provinzhaus in Gratsch bei Meran. Im Krankenhaus Bozen wurden die Barmherzigen Schwestern während der faschistischen Ära durch die „Ancelle della Carità" ersetzt, die heute noch im Krankenhaus in Moritzing tätig sind.

Marcelline. Die „Suore Marcelline" kamen 1935 nach Bozen und ließen sich im imposanten **Grieser Kurhaus** nieder, das sie zu Mädchenschule und -heim umgestalteten. 1943 mußten sie Bozen verlassen, kehrten aber 1945 wieder zurück und führen seither einen Kindergarten, eine Grund- und Mittelschule und ein neusprachliches Gymnasium. Das Mutterhaus der Bozner Marcelline befindet sich in Cernusco in der Nähe von Mailand. Es wurde von Luigi Biraghi und von Marina Videmari 1838 gegründet, mit dem Ziel, den Geist der Aufklärung und die christlichen Ideale in der Erziehung der

Grafenwitwe in eine schwierige finanzielle Lage gekommen zu sein. Jedenfalls schrieb sie an Abt Rupert von Tegernsee 1166 in einem kurzen Brief: „Wir, die nun das Leben der kleinen Leute führen, könnten euren erhabenen Glanz jetzt kaum ertragen." Sie war höchstwahrscheinlich kinderlos und damit als Witwe gewissermaßen ohne Schutz. Außerdem war sie in das Fangnetz politischer Wirren unter den kleineren Herrschergeschlechtern geraten. Ihr Sitz war die Burg Greifenstein über Siebeneich, die als Ruine heute noch besteht.

Frauen haben sich als Stifterinnen und Gönnerinnen von Kirchen und Klöstern einen Namen gemacht. Auch in den Urkunden der Bozner Pfarrkirche scheinen über die Jahrhunderte herauf Frauen auf, die einen Teil ihres Besitzes oder Erbes an die Kirche abtraten.

Mathilde von Valley

Gräfin von Morith und Greifenstein

 weiblichen Jugend zu verbinden. Der Name stammt von der hl. Marcellina, der Schwester des Kirchenvaters Ambrosius, die im vierten Jahrhundert ihre beiden Brüder christlich erzogen und eine christliche Frauengemeinschaft gegründet hat.

Streben nach dem Seelenheil

Die Schwestern der Bozner Bruderschaften

Frauen rangierten zwar am unteren Ende der kirchlichen Hierarchie, waren jedoch in den kirchlichen Laienorganisationen höchst aktiv. Die Mitglieder der **Herz-Jesu-Bruderschaft,** einer Gebetsvereinigung, die im Kloster Rottenbuch eingerichtet wurde, waren zum Großteil weiblich (3078 Frauen, 555 Männer). Bruderschaften, wie sich solche kirchlichen Vereine nannten, entstanden an jeder Kirche. Jede Handwerkerzunft war bis zum Ende des 18. Jahrhunderts auch in einer Bruderschaft vereint, deren Mitgliedschaft war zwingend und galt auch für die weiblichen Angehörigen der Meister. Bruderschaften hatten die Aufgabe, das religiöse Leben zu beleben. Sie kümmerten sich um die Seelsorge, um die Krankensalbung und um die Bestattung der Toten. Einige Bruderschaften waren auch im Sozialbereich tätig, in der Krankenpflege und in der Armenfürsorge.

Im 19. Jahrhundert wird die Religion weiblich: Die Mehrzahl der Kirchgänger, Wallfahrer, Mitglieder von religiösen Vereinen und Kongregationen sind Frauen. Die Marienverehrung blüht.

Bruderschaften eröffneten Frauen die Chance, in der Öffentlichkeit aktiv zu sein, ohne die Grenzen ihrer Rolle zu überschreiten. Die Anziehungskraft der Bruderschaften bestand auch in der Hoffnung auf das Seelenheil. Den Mitgliedern wurden großzügige Ablässe in Aussicht gestellt, und die Mitschwestern und -brüder versprachen, füreinander zu beten. Starb ein Mitglied, so nahmen alle anderen am Begräbnis teil, ließen für den Verstorbenen eine Messe lesen und beteten für sein Seelenheil. Im 19. Jahrhundert werden Standesbündnisse eingerichtet, und zwar nach „Jünglingen", „Jungfrauen", verheirateten Männern und Ehefrauen getrennt. In Bozen versuchte die

Plappermuttergottes, Fresko an der Westseite der Bozner Pfarrkirche. Die Bozner Mütter füllten die „Schnatterbüchse", den Opferstock, unterhalb der Plappermuttergottes, um Redegewandtheit für ihre Kinder zu erbitten.

 Marianische Kongregation Mariä Empfängnis für Ehefrauen und jene für Jungfrauen alle Frauen in das Kirchenleben einzubinden. Das Dogma der Unbefleckten Empfängnis wurde erst 1854, im Zuge der erstarkenden Marienverehrung des 19. Jahrhunderts, ausgerufen. Es besagt, daß Anna, die Mutter Marias, auf dieselbe jungfräuliche und reine Weise geboren hat wie Maria, so daß Maria von ihrer Zeugung an unbefleckt war.

Der verstärkten Anbetung Marias entsprach eine allgemeine Tendenz der „**Feminisierung der Religion**". Bereits Zeitgenossen bemerkten das Phänomen, daß vor allem Frauen die Kirchen bevölkerten, an Wallfahrten teilnahmen, sich in kirchlichen Vereinen und Kongregationen engagierten – vom politischen Leben waren sie weitgehend ausgeschlossen. Das Bild der frömmelnden Frau, die in einem besonderen Nahverhältnis zum Priester steht, im Gegensatz zum politisierten Mann, war um die Jahrhundertwende so fest verankert, daß es von antiklerikalen Parteien, von den Liberalen bis zu den Sozialisten, als weiteres Argument für die Ablehnung des Frauenwahlrechts herangezogen wurde. Religion war zur Privatsache geworden, ihr öffentlicher Charakter – Messen, Prozessionen, religiöse Spiele – wurde eingeschränkt und die innere Dimension des Glaubens betont. Die Frauen wurden von Priestern ganz explizit mit der Aufgabe betraut, über die Religiosität der Männer und der Kinder, über die Einhaltung der Glaubensregeln im Haus zu wachen: Frauen als Bewahrerinnen von Sitte, Moral und rechtem Glauben.

Gemeinschaft der Frauen

Die Evangelisch-lutherische Kirchengemeinde Bozen

Trotz Reformationswirren und teilweise erfolgreichen Bauernaufständen im 16. Jahrundert hat das protestantisch-reformatorische Gedankengut in Bozen, wie im gesamten

„heiligen Land Tirol“, nicht wirklich Fuß gefaßt. Da sich der Tiroler Adel der neuen Lehre nicht zuwandte, trafen alle Konvertierungsversuch – vor allem Predigten und die Verbreitung von protestantischem Schriftgut – auf ein nicht leicht zu eroberndes Feld, zumal ihnen mit strikten Verboten, harten Strafen, Bücherbeschlagnahmungen und Visitationen begegnet wurde. Während der Protestantismus nie richtig aufkam, wurden die im 16. Jahrhundert in Tirol stark vertretenen Wiedertäufer so scharf bekämpft, daß sie zu Beginn des 17. Jahrhunderts aus dem Land verschwunden waren. Die Gegenreformation war daher in Tirol eher eine innerkirchliche Erneuerung als ein Kampf gegen den neuen Glauben, und sie war aufgrund der räumlichen Nähe des Konzils von Trient und der starken Präsenz des Jesuitenordens (in Innsbruck, Hall und Trient) konsequent in der Durchsetzung der neuen katholischen Ideale.

Die Bozner Christuskirche, die Kirche der Evangelischen Pfarrgemeinde in der Col-Di-Lana-Straße in Gries

Eigene evangelische Kirchengemeinden tauchen in Tirol erst im 19. Jahrhundert auf; sie entstanden zuerst in Innsbruck und Meran und seit Ende des Jahrhunderts auch in Bozen. An ihrer Gründung waren in Bozen ansässige deutsche Frauen evangelischen Glaubens maßgeblich beteiligt. Sie hatten sich 1898 zum „**Evangelischen Frauenverein**“ zusammengeschlossen und nahmen diakonische Aufgaben ohne Pastor und Gemeinde wahr. Lediglich im Sommer entsandte der „Frankfurter Verein für Errichtung deutsch-evangelischer Gottesdienste in Kurorten“ einen Kurprediger nach Gries. Auf Betreiben des Evangelischen Frauenvereins Bozen und der Evangelischen Gemeinde Meran erhielt die Pfarrgemeinde Bozen 1902 ihren ersten eigenen Seelsorger. Bis zum Bau der **Bozner Christuskirche** in der Nähe des Grieser Kurhauses (heute Marcelline) in der Col-Di-Lana-Straße Nr. 10 wurden die evangelischen Gottesdienste im Kurhaussaal abgehalten. Die Errichtung der Kirche stieß auf großen Widerstand der katholischen Bevölkerung. Die Argumente der Marktgemeindevorstehung Gries, im Namen der Grieser Bauern als Protest vorgebracht, zeugen von der tiefen

 Abneigung gegen eine Verankerung des evangelischen Glaubens noch um 1900: Die Kirche würde Schatten auf die umliegenden Weingärten werfen, katholische Dienstboten wären in der Nähe der lutherischen Kirche nur gegen bessere Bezahlung zu halten, die Grundstücke würden an Wert verlieren. In diesem von Abneigung geprägten Umfeld entstand eine evangelische Kirchengemeinde, die zwar überaus aktiv ist, deren Mitgliederzahl aber beschränkt blieb. Noch heute werden die ca. 200 Mitglieder der Kirchengemeinde Bozen vor allem von aus Deutschland und Österreich stammenden Frauen gestellt. Sie blieb eine isolierte Enklave. Die Schnittstellen der tirolischen Sozialisation sind noch immer ausschließlich katholisch besetzt. Der Evangelische Frauenverein ist heute noch ein zentraler Bestandteil der evangelisch-lutherischen Kirchengemeinde Bozen, die sich um Kirche und Pfarre in der Col-Di-Lana-Straße schart.

„Krone des Mannes"

Jüdinnen in Bozen

Der Haller Arzt Hippolytus Guarinonius fällt in seinem „Grewel der Verwüstung Menschlichen Geschlechts" (1610) ein vernichtendes Urteil über Juden. Sein Verdikt über die Juden als die Andersgläubigen schlechthin steht für jene kollektive Abneigung, die den Juden in einem christlichen Umfeld immer wieder zum Verhängnis wurde: „Den Juden traut kein wahrer Christ, und wer mit ihnen Gemeinschaft hat, eins Christen Nam nicht würdig ist."

Juden wurden in Tirol zwar zeitweise toleriert, sie mußten aber Sitzgeld und auf Reisen einen „Judenzoll" bezahlen. Da die christliche Religion Voraussetzung für gewerbliche Tätigkeit und für die Aufnahme in Zünfte war, verblieb den Juden das Geldgeschäft meist als einzige Erwerbsmöglichkeit. Für sie war auch das kanonische Zinsverbot belanglos, das Christen untersagte, Geld gegen Zinsen zu verleihen. Nicht-Christen hatten keinen Zugang zu Bürger- und Inwohnerschaft – die Stadtsässigkeit blieb ihnen somit verwehrt – ihr Status als Außenseiter war somit besiegelt. Ab 1531 mußten sie sich durch ihre Kleidung als Juden erkennbar machen.

Trotzdem lebten Juden in Tiroler Städten, so auch in Bozen. Quellen des 16. Jahrhunderts nennen eine **Judengasse** und **Judenfriedhöfe** in der Nähe der Dominikanerkirche und am rechten Talferufer. Immer wieder gab es Übergriffe, auch vom Landesfürsten angeordnete Landesverweise. Während des Bauernkrieges wurden die Häuser von Bozner Juden geplündert. Juden wurden für die Pest verantwortlich gemacht. Auch wurden sie des Hostienfrevels und des Ritualmords an christlichen Kindern beschuldigt. Tirol hat einige solcher märtyrerhaften Kinder aufzuweisen, die teilweise bis heute als Heilige verehrt werden: Simon von Trient (1475), Anderl von Rinn (1462), Urschl von Lienz (1422), Franzele von Montiggl (1744). Rachefeldzüge gegen die Juden, Folter, Tötungen und eine großangelegte **Vertreibung** waren die Folgen.

Anfang des 20. Jahrunderts lebten an die 70 Juden in Bozen, von denen im Laufe des Jahres 1939 der Großteil zum Verlassen Südtirols gezwungen wurde. Nach der deutschen Besetzung Südtirols im September 1943 wurden die Bozner Juden wie die übrigen Südtiroler Juden ins KZ Reichenau in Innsbruck deportiert, das als Zwischenstation auf dem Weg ins Vernichtungslager diente.

Die jüdische Frau hatte in Glauben und Gesellschaft eine in vielerlei Hinsicht gefestigtere Position als die christliche Frau. Sie war zwar bis vor kurzem von den öffentlichen kultischen Ritualen ausgeschlossen, zentrale Momente der jüdischen Religiosität – die Sexualhygiene, die Speisevorschriften, die Sabbatruhe und das Gebet der Kinder – gehören aber traditionellerweise in ihren Verantwortungsbereich. Nach rabbinischer Meinung hat die Frau **mehr Verstand** als der Mann, weshalb er sich in allen Angelegenheiten mit ihr beraten soll. Die jüdische Frau gilt als „Krone des Mannes" und „Priesterin des Hauses".

3

Hexen

Die Bozner Hexe

Lucey Prunner

Im Jahre 1521 erhebt Martha von Schalers, „eheliche Hausfrau", vor dem Anwalt Simon Hindermair Klage gegen Lucey Prunner, Witwe „in der Au und Bozen", aus der ländlichen Umgebung südlich des Stadtgebietes, dem heutigen Oberau und St. Jakob. Die Klage wird beim Stadt- und Landgericht Bozen und Gries eingereicht, das mehrere Zeugen vernimmt, um die belastenden Aussagen der Schalerin zu prüfen.

Der erste Zeuge, Stoffl Parras, wahrscheinlich der Stadtbader oder Chirurg, berichtet, er sei vor zwei Jahren zu der Schalerin gerufen worden, die krumm gewesen sei und Tag und Nacht vor Schmerzen geschrien habe. Er habe sie besucht und habe gesehen, daß „solches durch Zauberei und teuflisch Gespenst zugehe". Er habe ihr daraufhin geraten, Gott und alle Heiligen anzurufen, und sie darauf aufmerksam gemacht, daß man „ihr's gelegt" habe, d.h., jemand habe Schadenzauber durch das Verstecken von magischen Dingen („Zauberwerk") in ihrer Nähe an ihr verübt. Sie solle das Gelegte suchen und verbrennen, damit niemand sonst damit vergiftet werde. Der Mann der Schalerin sei dann zu ihm gekommen und habe ihm gesagt, er habe einen Knecht zu der Wahrsagerin nach Arco geschickt, die habe mitteilen lassen, es liege Zauberwerk im Garten der Schalers. Er habe das Zauberwerk gefunden und verbrannt. Stoffel Parras sagte weiter, er habe auch sagen hören, daß die Prunnerin „einen bösen Spruch" habe, d.h. die Fähigkeit, Leute durch Zauberworte zu behexen. Auch sei geredet worden, daß sich Feinde der Prunnerin in acht nehmen müßten.

Der Teufel in weiblicher Gestalt. Detail eines Flügelaltars, um 1510

76 **Zweiter Zeuge ist Christoph Kramwerger**, der Schmied. Er sagt aus, die Schalerin sei bei ihm krank gelegen, der Parras sei gekommen und habe sie verarztet. Woher die Krankheit stamme, wisse er nicht.

Dann wird seine **Frau Barbara** verhört, die die Aussage ihres „Hauswirdts“ bestätigt und hinzufügt, sie habe gesehen, wie Stoffl Parras Blei gegossen habe, es seien Nadeln und „Glüfen“, „Persten“ (Borsten) und eine krumme Hand und Schenkel daraus geworden (Bleigießen im kalten Wasser wurde als wahrsagerische Methode angewandt, um die Zukunft zu deuten). Außerdem habe die Schalerin ihr gegenüber erklärt, sie wisse nicht, von wem sie die Krankheit haben könnte, außer von der Prunnerin, die ihr Feind sei und „ein pösen lob“ habe, einen schlechten Ruf, denn man sage von ihr, sie sei „ein Unhold“.

Jörg, Diener bei Hans Schwab „in der Au“, sagt aus, vor einem Jahr sei ein Knecht bei der Wahrsagerin gewesen, und die habe angezeigt, es liege etwas „mitten im Zwiefelacker“, das man suchen solle, denn davon sei die Schalerin erkrankt. Er habe es als Knecht der Schalers auf Anordnung von Herrn Schaler gesucht und verbrannt. In ein Tuch eingewickelt und mit einem Strohhalm umwickelt habe er „der Schalerin Haar“, „kleine Beindler“ – seiner Ansicht nach von einem Kind –, Holz, das er nicht gekannt habe, und große Borsten gefunden. Weiters habe er vom Mann der Prunnerin gehört, daß seine Frau Magie anwende, damit er sie nicht schlagen könne.

Stoffl Walsch, Diener bei Cristian Wieser „in der Au“, sagt aus, er sei bei den Schalers Knecht gewesen und habe gegraben und „Haar“ gefunden („hat man gesagt, es sei der Schalerin“), Knochen und Holzstücke. Woher die stammten, wisse er nicht. Auch seien Sauborsten dabei gewesen. Er habe alles weggetragen und verbrannt.

Hans Schwab, bei „Hansen Schalers tagwercker“, sagt, er habe am Ritten, wo die Prunnerin vorher als Magd beschäftigt war, gehört, wie man die Prunnerin einen „Unhold“ genannt habe.

Auch zauberischer Kindsmord wurde der Lucey Prunner vorgeworfen. Das Blut und die Knochen von unschuldigen christlichen Kindern sollten sich besonders gut eignen für Zaubertränke und satanische Umtriebe, so die magische Vorstellung.

Jörg Knoll sagt aus, als die Schalerin erkrankt sei, habe er sie besucht und sie oft auf den Rücken genommen und schlafen getragen. Wo sie die Krankheit herhabe oder wer ihr's getan habe, das wisse er nicht.

Sigmund Resch aus Gries sagt aus, Konrad, der Mann der Prunnerin, habe zu ihm gesagt: „Ich hab ein bös weib", darauf habe er gesagt, er müsse sie schlagen. Der Konrad habe geantwortet, das könne er nicht, denn wenn er einen Knüppel anhebe, dann lasse sich dieser nicht senken. Weiters erzählte Resch einen Vorfall: Die Prunnerin sei bei den Summerls in das Zimmer eines kranken Buben gegangen, der habe einen Stock in die Hand genommen und sie damit weggejagt und gesagt, sie sitze in der Nacht auf ihm wie ein „Ruckkorb". Auch habe der Bub gesagt, die Prunnerin sei ein Unhold.

Blasi Moser aus Leifers erzählt dieselbe Geschichte vom kranken Summerlsohn.

Hans Hueber aus Partenkirchen berichtet, vor zwei Jahren sei bei den Summerls ein Knecht namens Rederbrecher erkrankt, und der sei überzeugt gewesen, daß die Prunnnerin ihn „verzerrt" (wahrscheinlich verzaubert) habe, woraufhin er nur noch haben sterben wollen. Einmal sei die Prunnerin zu ihm aufs Bett gesessen, und er habe mit einem Stock auf sie eingeschlagen. Daraufhin sei die Prunnerin zur Summerlin gegangen und habe zu ihr gesagt, sie hätte dem Knecht nie was getan. Da habe die Summerlin geantwortet, er habe gesagt, sie sei ein Unhold und habe ihn „verzerrt". Auch habe ihr sein Beichtvater gesagt, er habe ihm das gebeichtet. Der Knecht habe ebenfalls die Geschichte vom Mann der Prunnerin gehört, der nicht im Stande gewesen sein soll, seine Frau zu schlagen.

Anthoni Körbl, Diener bei Lienhardt Riesen „in der Au", sagt aus, ihm habe eine Frau gesagt, die Prunnerin habe sie „verzerrt", und sie müsse sterben. Auch er erzählt die Geschichte vom Mann der Prunnerin und den erfolglosen Schlägen.

Cristl Wieser „in der Au" sagt aus, die Prunnerin sei einmal zu seiner „Hausfrau" gekommen und habe sie gefragt, ob ihre Henne gerade ausbrüte. Seine Frau habe bejaht, und die Prunnerin habe ihr erzählt, daß ihre Henne nie ausbrüte. Daraufhin habe seine Henne begonnen, die Küken zu zerbeißen. Er sei daraufhin zur Prunnerin gegangen und habe zu ihr gesagt: „Prunnerin ich moan Ir habt mir meine hiandlen beschrirrn, die glutsch beißt alle fuder" (die Prunnerin habe ihm die Hühner durch Zauberworte verhext, da die Glucke sie alle zerbeiße). Darauf habe die Prunnerin geantwortet, er solle nach Hause gehen, dann werde die Henne damit aufhören. Und so sei es auch gewesen. Auch habe ihn der Schaler zu der Prunnerin geschickt, um sie zu fragen, ob sie den Schaden, den sie an seiner Frau angerichtet habe, nicht wiedergutmachen wolle. Die Prunnerin habe darauf geantwortet, sie habe der Schalerin nichts getan. Er habe auch oft von Leuten gehört, die Prunnerin habe einen „bösen Spruch".

Sebastian Kramer erzählt, die Prunnerin habe ihn gebeten, zu der Schalerin zu gehen, um sie zu fragen, warum sie ihre Tochter geschlagen und gedroht habe, sie mit einem Messer zu erstechen. Kramer habe der Prunnerin geantwortet, sie solle die Schalerin beim Landgericht anzeigen, wenn sie etwas Unrechtes getan hat. Er habe auch oft sagen hören, daß die Prunnerin ein Unhold sei. Ihm habe sie nie etwas angetan, im Gegenteil.

Die Kirche St. Jakob in der Au, in der Lucey Prunner vor versammelter Kirchengemeinde als Hexe beschimpft wurde

Magdalena Stuefer, „weiland Stuefers gelassen wittib", Witwe, sagt aus, der Mann der Prunnerin habe vor zwei Jahren zu ihr gesagt, seine Frau gewinne von zwei Kühen mehr Schmalz als andere von acht Kühen. Am eben erst vergangenen St. Philipps- und St. Jakobstag habe sie einer Szene in der St. Jakobskirche beigewohnt. (Die Kirche St. Jakob in der Au befindet sich auf einem Hügel oberhalb von St. Jakob, heute Gemeindegebiet Leifers, damals Zwölfmalgreien/Bozen). Die Schalerin sei in der Kirche gewesen, als die Prunnerin hereingekommen sei. Da habe die Schalerin gesagt, „miasn wir denn die unhold heut auch zu kirchen haben". Die Prunnerin habe das gehört und sei

 erschrocken, sie habe nicht gewußt, was sie tun soll, sie habe auch nicht widersprochen.

Agnes, Magd bei Niklas Mars „in der Au", erzählt: Als sie bei Schalers gedient habe, sei der Mann der Prunnerin zu Besuch gekommen, und die Schalerin habe ihn gefragt, ob er nicht zu seinem Weib gehe. Da habe der Prunner geantwortet: „sie ist mir feindt und acht mich nicht". Auch habe der Prunner einmal gesagt, er würde selbst das Holz auf seinem Rücken hertragen, um seine Frau zu verbrennen. Auch habe „des Summerls vorige Hausfrau" gesagt, sie wisse genau, daß sie ihre Krankheit von der Prunnerin habe. Sie habe deshalb sterben wollen. Die Tochter der Schalerin habe ihr erzählt, die Tochter der Prunnerin habe zu ihr gesagt, wenn ihre Mutter keine Milch habe, würde sie in die Kammer gehen und den Eimer abstellen, und der fülle sich von alleine mit Milch.

Dann werden noch einige potentielle Zeugen angeführt.

Diese Vorerhebung ist wahrscheinlich nach Innsbruck zur Begutachtung geschickt worden, bevor das Hauptverfahren vor dem Stadt- und Landgericht Gries und Bozen eröffnet werden konnte. Ob es dazu kam – die Prunnerin in Haft gesetzt, verhört und verurteilt wurde –, ist leider nicht bekannt, da außer dieser Vorerhebung keine Prozeßakten überliefert sind. Vergleicht man allerdings die Aussagen mit anderen Hexenprozessen, so wurden hier allemal genug Indizien gesammelt, um die Prunnerin einem peinlichen Verhör auszusetzten, unter Folter (Daumen- und Beinschrauben, Zugfolter, Stehen auf einer glühend heißen Eisenplatte) ein Geständnis zu erwirken und das Urteil auf Tod auf dem Scheiterhaufen zu fällen.

Sämtliche den Hexen zugeschriebenen Missetaten werden der Lucey Prunner angelastet: **Schadenzauber** an Menschen – zwei Frauen und zwei Männer sollen durch ihr magisches Zutun krank geworden sein und wollten nur noch sterben, also wurden sie vielleicht sogar totgehext; Schadenzauber an

Die Bozner Hexe Lucey Prunner wurde von Leuten aus ihrer Nachbarschaft beschuldigt, Schadenzauber an Menschen und Tieren betrieben zu haben.

Tieren: Sie hat die Hühner „beschrirrn", durch Zauberworte behext; **Milchzauber** und die wundersame Vermehrung von Schmalz; auch **zauberischer Kindsmord** wird angedeutet: Die Knochen im Zauberwerk, so die Vermutung, stammten von einem Kind. In vielen anderen Hexenprozessen genügte eine dieser Beschuldigungen, um die Betroffene als Hexe zu verbrennen. Im Falle der Lucey Prunner ist mit großer Wahrscheinlichkeit jener Automatismus – Streit, Gerede, Vermutungen, peinliches Verhör, Folter, Geständnis, Verurteilung – eingetreten, der Tausenden von Frauen (und Männern) in der frühen Neuzeit den Tod brachte.

Dabei gingen die Beschuldigungen nicht immer von den kleinen Leuten aus. Auch die Obrigkeit hat gezielt Hexenprozesse angestrengt. Kirchliche Würdenträger haben eine **Theologie der Magie und Dämonologie** begründet, die mit magischen Praktiken vertraute Frauen zu bösen, verfolgungswürdigen Hexen machte. Die Vorstellungen der Inquisitoren übertrugen sich auf die als Hexe angeklagte Frau – sie sagte das aus, was ihre Peiniger hören wollten. Tat sie das trotz Folter nicht, wurde ihr nur selten Straffreiheit gewährt – die formelle Voraussetzung dafür war das Überleben von drei Foltereinheiten, ohne ein Geständnis abgegeben zu haben; meist wurde lediglich die Strafe abgemildert, und zwar von **Verbrennung an lebendigem Leib in Enthauptung und Verbrennung**.

Lucey Prunner wurde von einer Frau aus ihrer Gegend angeklagt; Martha von Schalers lebte wie sie „in der Au und Bozen", in einer der zwölf Malgreien, dem heutigen Oberau und St. Jakob (früher Unterau), das gerichtlich zum Stadt- und Landgericht Bozen und Gries gehörte. Die beiden Frauen standen schon lange vor der Anklage in heftigem Streit untereinander. Die Krankheit der Schalerin liegt zwei Jahre zurück, auch jene des Knechts Rederbrecher. Von der Heftigkeit der Auseinandersetzung – von deren Ursachen wir leider nichts wissen – zeugen der tätliche Angriff und die Morddrohung von seiten der Klägerin gegen die Tochter der Prunnerin.

3

Szene eines Hexenprozesses mit Folterung und eine Hexenverbrennung

 Martha von Schalers hat ihre Feindin systematisch in **Verruf** gebracht; vor versammelter Kirchengemeinde hat sie sie „ein Unhold", eine Hexe, genannt. Die Verbreitung von solchem Gerede gehörte zur **Strategie des Streites**. Die Prunnerin hat sich vor versammelter Kirchengemeinschaft bloßgestellt, indem sie ob der Anschuldigungen der Schalerin erschrak, anstatt sich zu widersetzen.

Lucey Prunner gehört wie die meisten wegen Hexerei verfolgten Frauen zur Unterschicht. Sie hat vor ihrer Heirat in verschiedenen Orten als Magd gedient und ist auch als Magd nach Bozen gekommen. Sie stammt also nicht aus einer ortsansässigen Familie, sondern hat in die Gemeinde eingeheiratet. Ihr Mann Konrad ist mit verschiedensten Leuten im Ort bekannt, die in der gerichtlichen Vorerhebung bereitwillig seine Aussagen wiedergeben. Die Prunnerin genießt also weder den Schutz ihrer Familie noch den ihres Mannes, der zum Zeitpunkt der Anklage bereits tot ist. Lucey Prunner ist, wie sämtliche ihrer später verbrannten Geschlechtsgenossinnen, als Witwe **alleinstehend und ungeschützt**. Außerdem hat sie sich nicht an die gesellschaftliche Ordnung gehalten. Vielmehr ist sie eine **widerspenstige Frau**, die ihrem Mann nicht gehorcht und ihre Zauberkünste auch gegen ihn richtet, um seine Schläge abzuwenden. Daß ein Mann das Recht, wenn nicht sogar die Pflicht hat, seine ungehorsame Frau zu schlagen, tritt in den Zeugenaussagen als selbstverständlicher Sachverhalt hervor. Ihr Mann hat sich gegen sie gestellt und sie im Haus der späteren Anklägerin der Hexerei beschuldigt – er würde eigenhändig das Holz herbeischaffen, um sie zu verbrennen. Im dörflichen Machtgefüge steht Lucey Prunner ziemlich weit unten, und alleine da, was ihr wahrscheinlich zum Verhängnis wurde. Am Anfang stand ein Streit zwischen zwei Frauen, am Ende des Verhörs steht ein Bündel von Vermutungen, Beschuldigungen, Gerede, das Lucey Prunner zu einer „Zauberin", zu einer Hexe stilisiert und sie höchstwahrscheinlich auf den Scheiterhaufen brachte.

Hexenverfolgung in Tirol

Die Hexenverfolgung war kein städtisches Phänomen

Die großen Hexenprozesse, die mit dem Verhör einer Person begannen und mit Massenverurteilungen aufgrund von Denunziation endeten, fanden außerhalb der großen Städte statt.

1505 **Cavalese:** Prozeß gegen 15 Frauen, 11 werden verbrannt, 4 sterben im Gefängnis

1506 **und** 1510 **Völs am Schlern**: Prozeß gegen 8 Frauen, wahrscheinlich Tod auf dem Scheiterhaufen

1575 **Fassa und Brixen:** Prozeß gegen 17 Frauen und 8 Männer, Tod auf dem Scheiterhaufen

1604 **Rovereto:** Prozeß gegen zahlreiche Frauen, davon sicher 4 auf dem Scheiterhaufen verbrannt

1612/15 **Val di Non:** 30 Menschen angeklagt, 7 Frauen und 3 Männer auf dem Scheiterhaufen verbrannt, eine Frau stirbt im Gefängnis, die übrigen 19 werden des Landes verwiesen

1627/31 **Fassa und Brixen:** 9 Frauen und ein Junge angeklagt, 6 Frauen werden verbrannt, 3 sterben im Gefängnis, der Junge wird nach zwei Jahren Haft des Landes verwiesen

1639 **Karneid:** Prozeß gegen zahlreiche Eggentaler, 4 Frauen und ein Mann sterben auf dem Scheiterhaufen

1643/44 **Fassa und Brixen**: Prozeß gegen 7 Frauen, eine stirbt auf dem Scheiterhaufen, eine im Gefängnis, 5 werden freigelassen

1646/47 **Nogaredo:** Prozeß gegen 11 Frauen, 7 werden verbrannt, eine stirbt im Gefängnis, eine wird freigelassen, 2 werden des Landes verwiesen

1679/80 **Meran:** 13 Männer werden im Zusammenhang mit dem Salzburger Zauberer-Jackl-Prozeß enthauptet, darunter vierzehn- und fünfzehnjährige Buben

Daneben gab es zahlreiche Prozesse gegen Einzelpersonen, so im Sarntal (1540), am Ritten (1545), in Bruneck (1592), Klausen (1557), Kurtatsch (1625/26 und 1627/29), Rodeneck (1645) und andere mehr.

Einige hundert Menschen wurden zwischen 1500 und 1700 in Deutsch- und Welschtirol wegen Magie und Hexerei hingerichtet. Die meisten waren Frauen, kamen aus den Unterschichten, waren Mägde, Tagelöhnerinnen, Vagabundinnen und waren großteils unverheiratet oder verwitwet.

 verfolgung gelegt hat. Die „Hexenbulle" Papst Innozenz' VIII. von 1484 ruft alle Inquisitoren auf, die kirchliche Hexenlehre unter das Volk zu bringen, und bittet die weltliche Macht um Unterstützung bei der gerichtlichen Verfolgung.

In Tirol wurde zwar die erste Verordnung genau eingehalten – der damalige Bischof von Brixen, Georg Golser, publizierte die päpstliche Bulle und verpflichtete somit den Klerus seiner Diözese zur Unterstützung der **Inquisition –**, die weltlichen Herrschaften aber ließen sich mit der Aufnahme des Hexereideliktes in die Rechtskodizes Zeit. Es ist weder in der „Peinlichen Halsgerichtsordnung" Maximilians I. von 1491 genannt noch in den Landesordnungen von 1526 und 1532. Die „Constitutio Criminalis Carolina", das von Kaiser Karl V. 1532 erlassene, im ganzen Reich gültige Strafrecht, enthält Zaubereiparagraphen, die Zauberei generell mit Geldstrafen ahnden und für Schadenzauber die Todesstrafe vorsehen. In der Landgerichtsordnung Erzherzog Ferdinands II. von 1573 ist das Delikt jedoch nicht angeführt; in der gleichzeitig publizierten Polizeiordnung wiederum werden Zauberei, Wahrsagerei und Segensprecherei als Aberglaube verboten und mit Geldstrafen belegt. Es sind aber weder Delikte, die vor die Hochgerichtsbarkeit kommen, noch ist dafür die Todesstrafe vorgesehen.

Trotzdem fanden ab Ende des 15. Jahrhunderts Hexenverfolgungen und -verbrennungen in Tirol statt, in zunehmendem Maße in der zweiten Hälfte des 16. Jahrhunderts und im 17. Jahrhundert, zur Zeit von **Humanismus und Renaissance** und keinesfalls im „dunklen Mittelalter", wie lange Zeit vermutet wurde.

Dieser zeitliche Aspekt war Ausgangspunkt der zweiten großen Erklärungsschiene für die Hexenverfolgung: Sie sei eine Art Rationalisierungsschub gewesen, mit dem Zweck, das magische Weltbild zu zerstören, Volkskultur und

-medizin auszumerzen. Dazu ist zu bemerken, daß der Glaube an die Existenz von Hexen und Zauberern selbst zutiefst magisch war. Die Hexenverfolgung war eher ein kirchlicher Versuch, die gute von der bösen Magie zu scheiden. Während die einfachen Leute mit viel Gespür für das Machbare die kirchlichen Verfolgungsgelüste aufgriffen und als **Strategie zur Streitaustragung** anwandten, war die Unterscheidung zwischen guter und schlechter Magie für sie wohl nicht leicht nachzuvollziehen.

Eine grundlegende Ablehnung von magischem Denken und folglich eine wirkliche und radikale Rationalisierung des Denkens erfolgten erst Jahrzehnte später, im Zuge der Aufklärung im 18. Jahrhundert. Die letzten Hexenverbrennungen fallen in dieses Jahrhundert. Danach werden sie als historische Grausamkeit und Kuriosität beschrieben, und bereits zu Beginn des 19. Jahrhunderts sind sie ein beliebter Untersuchungsgegenstand der Wissenschaft.

4

Boznerinnen vor Gericht

Kindsmord

Apollonia stammte aus Thaur, einem nördlich von Inns-bruck gelegenen Dorf. Als sie 1505 vor dem Stadt- und Landgericht Bozen und Gries wegen Kindsmord auf der Anklagebank saß, stand sie beim Bozner Bäcker Hans Lieb als Köchin in Dienst. In seinem Haus unter den Lauben hatte sie, wie fast alle Kindsmörderinnen der frühen Neuzeit, ihre Schwangerschaft erfolgreich geheimgehalten und versucht, unbemerkt zu gebären. Apollonias Plan schlug fehl; sie schaffte es nicht, die leiblichen Spuren ihrer „Unkeuschheit" vollkommen zu verbergen. Zwar arbeitete sie, solange sie konnte, im Krautgarten und flüchtete erst in ihre Kammer, als die Geburtsschmerzen unerträglich wurden; der Bäckerin erzählte sie von einer schmerzhaften Krankheit und auch zwei Bäckergesellen, die sie in ihrer Kammer „kreischen" hörten, wollte Apollonia mit der Krankengeschichte abwimmeln. Doch diese verständigten die Bäckerin, die nach den Nachbarsfrauen schickte. Das hartnäckige Leugnen Apollonias überzeugte die in Sachen Schwangerschaft und Geburt kompetente Frauengemeinde nicht; sie ließen die städtischen Hebammen rufen. Diese fanden die Nachgeburt und rügten Apollonia: „Wo hastu das kind hintan, du bist schuldig an deinem fleisch und pluett." Doch Apollonia stellte sich selbst da noch unwissend. Daraufhin hoben die Hebammen Apollonia aus dem Bett und fanden das Neugeborene tot auf. Apollonia kam vor den Stadt- und Landrichter. Die tragische Geschichte der Apollonia von Thaur stellt einen paradigmati-

Die Hinrichtungsstätte mit Rad und Galgen des Stadt- und Landgerichts Gries und Bozen jenseits der Talfer; Ausschnitt aus der ältesten Stadtansicht Bozens, dem Überschwemmungsplan von 1541

Das heutige Naturmuseum in der Bindergasse war der Sitz des Stadt- und Landgerichts Bozen und Gries.

schen Fall von Kindsmord dar, und Kindsmord war das Frauendelikt schlechthin. Die Täterin ist fern von zu Hause, steht in Dienst und wurde vom Kindsvater im Stich gelassen. Eine ungewollte Schwangerschaft brachte in der frühen Neuzeit für ledige, mittellose, in Dienst stehende oder lohnabhängige Frauen schier unüberwindbare Folgen mit sich: Sie verloren ihren Arbeitsplatz und mußten den Ort verlassen; das bedeutete in dieser Zeit, vagierend und bettelnd, jedenfalls am Rande der Gesellschaft leben zu müssen. Zahlreiche Frauen versteckten daher die „Folgen der Sünde", hielten ihre Schwangerschaft geheim, gebaren ihr Kind allein und töteten es anschließend.

Das Delikt kam im Mittelalter kaum vor Gericht, wurde aber

ab dem 16. Jahrhundert zunehmend strenger verfolgt. Kindsmord galt als Blutschande, die Frau tötete ihr eigenes Fleisch und Blut, wie sich auch die Bozner Hebammen ausdrückten. Kam das Gericht zum Schluß, daß die Frau ein lebendiges Kind getötet hatte, dann waren die Strafen äußerst hart. Die Tiroler Landesordnungen des 16. Jahrhunderts, die bis in die zweite Hälfte des 18. Jahrhunderts hinein Gültigkeit hatten, sehen für Kindsmord das **lebendig Begraben und Pfählen** vor. Bei dieser vor allem bei Frauen angewandten Art der Vollstreckung der Todesstrafe (auch „unruhige Seelen", bei denen man befürchtete, sie würden sich mit ihrem Tod nicht abfinden und wiederkehren, wurden gepfählt) wurde die Schuldiggesprochene bei lebendigem Leib begraben und anschließend ein Eisenpfahl durch ihr Herz gestoßen. Häufig wurde die Strafe aber durch Enthaupten ersetzt; der Tod durch das Schwert galt als mildere Strafe. Gerade bei Kindsmörderinnen wurde die **„Begnadigung zum Schwert"** oft mit einer äußerst schmerzhaften **Verstümmelungsstrafe** gekoppelt: dem Herausreißen der Brüste mit glühendheißen Zangen vor der Hinrichtung.
Apollonia hatte Glück und wurde nicht so hart bestraft. Sie wurde erstaunlicherweise „nur" des Landes verwiesen. Das Rechtssystem der frühen Neuzeit war bezüglich der Anwendung des geschriebenen Gesetzes nicht so rigide. Die Richter hatte einen breiten Ermessensspielraum, und die Angeklagten versuchten durch vielfältige Mittel Milde und Verständnis zu erlangen. Angehörige konnten Milderungsbitten vorbringen. Eine alleinstehende, ledige Frau aber, die ihrer Ehre verlustig gegangen war, hatte es im Normalfall in dieser Hinsicht schwer. Im 17. Jahrhundert blieb einer Kindsmörderin, die ihre Tat gestanden hatte, kaum eine Chance, mit dem Leben davonzukommen. Eine Boznerin schaffte es 1675: Sie wurde vom Bozner Richter zwar zum Tode verurteilt, die Regierung in Innsbruck aber, die alle Todesstrafen legitimieren mußte, wandelte die Strafe in **ewigen Landesverweis** um.

Der zunehmenden Tendenz, Todesstrafen abzumildern, entsprachen im Laufe des 18. Jahrhunderts Maßnahmen zur Verhinderung von Kindsmord und Abtreibung. Die amtlichen Hebammen wurden angehalten, die Schwangerschaften und Niederkünfte von ledigen Frauen zu melden, kirchliche Schandstrafen wurden abgeschafft, illegitim geborene Kinder rechtlich gleichgestellt und Gebär- und Findelhäuser eingerichtet.

Vor dem 18. Jahrhundert war es für eine ledige Mutter äußerst schwer, sich selbst und ihr Kind ohne Unterstützung seitens des Kindsvaters in Form von Unterhaltszahlungen oder der nachträglichen Legitimierung durch die Ehe durchzubringen. Abtreibung und Kindsmord erschienen in den Augen der Frauen demgegenüber oft als kleineres Übel. In den Augen der richtenden Männer aber konnte nur Milde geübt werden, wenn es sich um eine Totgeburt handelte oder um eine „Mole", d.h. ein Gewächs. Vor Gericht versuchten sich Kindsmörderinnen genau durch solche Argumente vor der Todesstrafe zu retten: Das Kind sei tot zur Welt gekommen oder gar kein Kind gewesen.

Während im Falle von Kindsmord der Körper des Kindes gerichtsmedizinisch untersucht wurde, war die Lage im Falle einer **Abtreibung** durch das häufige Fehlen des Corpus delicti komplizierter. Aber auch die Rechtslage war schwieriger: Es wurde zwischen einem beseelten und einem unbeseelten Fötus unterschieden; während im ersten Fall die Todesstrafe drohte, lagen Art und Ausmaß der Bestrafung im Falle der Abtreibung eines unbeseelten Fötus im Ermessen des Richters (Geldbußen, Prügel und Landesverweis kamen in Frage), und die Strafe blieb nicht selten aus. Über den genauen Zeitpunkt der **Beseelung des Fötus** war man sich allerdings uneins. Während die mittelalterlichen Gelehrten eindeutig festgehalten hatten, daß ein männlicher Fötus ab dem 40. Tag nach der Empfängnis und ein weiblicher ab dem 80. Tag beseelt sei, wurde in der frühen Neuzeit dahin-

Abtreibung war vor der Herausbildung des modernen Staates und seiner Bevölkerungspolitik weit verbreitet, da sie gerichtlich kaum verfolgt wurde. Die medizinische Theorie war weitläufig und setzte zum Beispiel purgierende Mittel freizügig zur Heilung ein.

gehend entschieden, daß der Fötus ab dem Moment eine Seele besitze, in dem er sich bewegt, also seine Gliedmaßen vollkommen ausgebildet sind. Diesen Zeitpunkt setzte man in der Mitte der Schwangerschaft an. Ausschlaggebend für die Beurteilung der Beseelung war daher die Empfindung der Frau selbst: Hatte sie keine Kindsregungen verspürt, so war der Fötus auch nicht beseelt gewesen.

Vor Gericht ging es sowohl bei Kindsmord als auch bei Abtreibung in erster Linie um die Frage, ob die Frau ihre Schwangerschaft verborgen hatte, denn die Geheimhaltung galt als sicheres Indiz dafür, daß sie ihr Kind nicht rechtmäßig hatte austragen wollen. Viele Frauen, wie Apollonia, beteuerten daher vor Gericht, sie hätten gar nicht gewußt, daß sie schwanger seien, oder hätten ihren Zustand nicht für eine Schwangerschaft, sondern für Blähungen, **„stockendes Geblüht"**, Wassersucht, „das Umherlaufen der Gebärmutter" oder ähnliches gehalten. Ärztliche Helfer und Hebammen unterstützten die Version der Frauen häufig schon im Vorfeld, indem sie als Therapie zum Beispiel purgierende Mittel verschrieben. Abtreibung war daher eine weitverbreitete Praxis, die, wie oben beschrieben, nur in eingeschränktem Maße strafrechtlich geregelt war und nur in Ausnahmefällen überhaupt vor Gericht kam. Erst der aufgeklärte Staat des späten 18. und 19. Jahrhunderts befaßte sich eingehend mit diesem Thema, da Abtreibung und Kindsmord an den Grundfesten des aufgeklärten Gedankensystems kratzten, nämlich am Glauben an die Realisierbarkeit einer humaneren Gesellschaft. Außerdem wurde die Macht eines Staates ab dieser Zeit mit der Anzahl und dem Gesundheitszustand seiner Bürger in Zusammenhang gebracht. Die aufklärerischen Maßnahmen zur Eindämmung von Kindsmord und Abtreibung stehen folglich im Lichte dieser Doppelbödigkeit: humanere Gesellschaft – Bevölkerungsmaximierung.

Diebstahl

Die weitestverbreitete Form von Kriminalität ist im Bozen der frühen Neuzeit der Diebstahl. Dabei konnte nur ein Bruchteil der erfolgten Diebstähle gerichtlich verfolgt und nachgewiesen werden. Frauen waren zwar nur bei höchstens 20 % aller kriminellen Handlungen die Täterinnen – das gilt erstaunlicherweise für fast alle Gebiete und bis heute –, Eigentumsdelikte führten aber auch ihre Verbrechensstatistik an. Veruntreuungen, Schmuggel, Diebstahl, Betrug und Unterschlagungen waren Alltagsdelikte, die vorwiegend von Unterschichten und dem mobilen Teil der Gesellschaft zur Unterhaltsbestreitung verübt wurden. Insbesondere diese Delikte riefen die Angst einer Unterhöhlung des ständischen Ordnungsgefüges hervor und wurden daher auch verhältnismäßig scharf bestraft. Das galt vor allem für organisierten Diebstahl und Raub, der von Männern ungleich öfter verübt wurde als von Frauen; Frauen waren dabei höchstens Komplizinnen. Das Diebesgut von Frauen war meist von geringerem Wert. Sie stahlen in ihrem Umfeld landwirtschaftliche Produkte oder Hausgeräte, öfter auch Wäsche und Kleider, um sich und ihre Kinder durchzubringen. 1505 gesteht **Margarethe** aus Bruneck, die als Dienerin bei der Witwe des Bozner Gegenschreibers, eines hohen städtischen Beamten, tätig ist, daß sie ihrer Hausmutter **Bettzeug und Kleider** gestohlen hatte. Gerade Leintücher konnten unschwer im selben Ort wieder verkauft und in schnelles Geld umgesetzt werden. **Els Porzlinger** aus Völs gesteht 1504 mehrere **Hühnerdiebstähle** in der Umgebung von Bozen. Sie muß als Strafe Urfehde schwören, das heißt, einen Eid vor Gericht ablegen, daß sie nie mehr in die Gerichte Gries, Bozen und Wengen kommen wird.

In der auf Besitz und hierarchischen Strukturen fußenden vormodernen Gesellschaft wurde Diebstahl hart bestraft: Pranger, Auspeitschen, Landesverweis, bei WiederholungstäterInnen sogar die Todesstrafe. Trotzdem war es das häufigste Delikt.

In den Tiroler Landesordnungen der frühen Neuzeit wird das Strafausmaß auf den Wert des Diebesgutes abgestimmt:

Verstümmelungen des Körpers gehörten zur frühneuzeitlichen Strafpraxis: Respektierte ein Straftäter den Landesverweis nicht, so wurde er gebrandmarkt.

Wurde von einer/m über Achtzehnjährigen im Wert von mehr als 25 Pfund Berner und wiederholt gestohlen, so war die **Todesstrafe** vorgesehen, für Männer das Erhängen, für Frauen das Ertränken. „Kleiner Diebstahl" wurde mit dem **Pranger,** mit **Auspeitschen** und **Landesverweis gegen Urfehdeschwur** geahndet. Frauen wurden aus Sittlichkeitsgründen nicht erhängt; sie wurden ertränkt oder enthauptet. Das **Ertränken** galt als die „Frauenstrafe" überhaupt und wurde auch im Falle von Bigamie und Notzucht verhängt, oder wenn eine Frau den Urfehdeschwur gebrochen hatte, also in das Land zurückkehrte, aus dem sie ausgewiesen worden war. Die Verurteilte wurde in einem zugenähten Sack so lange unter Flußwasser gehalten, bis sie ertrunken war.

Die **Hinrichtungsstätte** des Stadt- und Landgericht Bozen und Gries befand sich jenseits der Talfer. Für den Vollzug von Todesstrafen und für die Anwendung der Folter war der Scharfrichter von Meran zuständig. In Tirol gab es zwei Scharfrichter, jenen von Hall für die nördliche Landeshälfte und jenen von Meran für die südliche.

Bereits der Kontakt mit dem „unehrlichen" Henker galt als schwere Strafe, als durch Kontamination hergestellte Entehrung, die zum Beispiel dazu führen konnte, von der eigenen Familie nicht mehr geduldet zu werden.

Entehrende Strafen – wie am **Pranger** stehen – beeinträchtigten nachhaltig die soziale Stellung der Betroffenen und damit einen zentralen Aspekt ihrer Persönlichkeit; sie waren in der frühen Neuzeit nicht weniger schlimm als Körperstrafen. Die beiden Strafformen sind auch nicht eindeutig zu unterscheiden: Wurde ein Verurteilter auf den Pranger gestellt, meist mit einem Schild um den Hals, auf dem sein Verbrechen angeführt war, oder einem anderen Zeichen, das sein Vergehen deutlich machte, so hatten alle Umstehenden das Recht, ihn zu verspotten, zu züchtigen, mit Steinen zu bewerfen. Der Pranger stand zum Zwecke der bestmöglichen Sichtbarkeit immer im geschäftigsten Teil der Stadt; in Bozen befand er sich auf dem Obstplatz, Ecke Lauben, an der Stelle, wo heute der Neptunbrunnen steht.

Das Stehen am Pranger machte Täter/in und Verbrechen öffentlich und wirkte dauerhaft entehrend; daher war die öffentliche Schandstrafe auch oft mit Landesverweis gekoppelt. Darüber hinaus wurde die Ausweisung durch **entehrende Rituale** vollzogen: Der/die Verurteilte wurde öffentlich ausgepeitscht oder mit einem Lasterstein am Hals durch die Stadt und anschließend aus einem der Stadttore gejagt. Bei weniger schweren Verbrechen wurde dem/der Verurteilten oft auch erlaubt, die Stadt ohne Schandstrafen zu verlassen, um seinem/ihrem Ruf keinen allzu großen Abbruch zu tun. Allerdings war auch der **Landesverweis,** der zeitlich begrenzt sein konnte oder auf ewig ausgesprochen wurde, keine Kleinigkeit. Er bedeutete den Ausschluß aus der Rechtsgemeinschaft und somit aus der Gesellschaft, machte die Betroffenen zu Vagierenden und hatte oft tödliche Folgen.

Neben Schandstrafen und Ausweisung wurden als Alternative zur Todesstrafe auch schwere **Körperstrafen** vollzogen, so Verstümmeln – DiebInnen wurde häufig ein Ohr, SchwurbrecherInnen die Zunge abgeschnitten, letzteren hackte man zudem die Finger ab –, oder Brandmarken – das Einbrennen von Zeichen in Gesicht oder Rücken, das das Verbrechen unverkennbar machte – oder Auspeitschen. Frauen waren von solchen Körperstrafen genauso betroffen wie Männer; nur Schwangerschaft konnte zu einer Aufschiebung der Strafvollstreckung führen. Schwangere Frauen durften auch nicht gefoltert werden, denn dem Ungeborenen sollte kein Schaden zugefügt werden.

All diesen Strafen war der öffentliche Charakter gemeinsam: Sie wurden allesamt vor einer breiten Öffentlichkeit vollzogen, und es stand immer auch die Absicht dahinter,

An der Stelle des Neptunbrunnens an der Ecke Lauben/Obstmarkt stand in der frühen Neuzeit der Pranger.

den Verbrecher/die Verbrecherin sozial nachhaltig zu diskriminieren und andere abzuschrecken.

Gefängnisstrafen spielten in der frühen Neuzeit vielleicht aus diesem Grund eine untergeordnete Rolle und wurden oft als Vorwarnung verhängt, so zum Beispiel bei Ehebruch, für den die Tiroler Landesordnung von 1573 erst nach dreimaliger Wiederholung den Landesverweis vorsieht. Gefängnisstrafen wurden zwar nur im Ausmaß einiger Tage oder Wochen verhängt, während der oft langwierigen Prozesse konnten die Beschuldigten aber auch länger im Gefängnis festgehalten werden. Gefängnis war in der frühen Neuzeit insofern eine schwere Strafe, als sie meist gesundheitliche Beeinträchtigungen zur Folge hatte: Die frühneuzeitlichen Gefängnisse waren kalte Löcher, großteils im Keller des Rathauses situiert, äußerst unhygienisch, und die Verpflegung bestand meist nur aus Wasser und Brot.

Die Daumenschraube war das einzige bei Frauen zugelassene Foltergerät. Die Gerichte hielten sich nicht an diese rechtliche Vorgabe und zogen auch Frauen am Seil auf.

Sittlichkeitsdelikte

„Rosina, des Herrn Kellermann von Bozen Tochter", wurde 1606 in Brixen wegen Unzucht verurteilt. Leider sind die Prozeßakten nicht erhalten; nur ein kurz gefaßter Bericht, wahrscheinlich des Brixner Hofgerichtsdieners, erzählt Rosinas Geschichte. Die Bozner Bürgerstochter wurde zweimal ins Brixner Hofgefängnis gesperrt, einmal für zwei Wochen im Februar 1606 und einmal im Juli desselben Jahres. Durch ein peinliches Verhör wurde Rosina zum Geständnis gezwungen: „Mit dem daumbstreck examiniert worden, auch an das Seil der streng Frag binten, aber nit aufziehn lassen." Dem Bericht über das Verhör sind nur Bruchstücke des schicksalhaften Lebens der Rosina Kellermann zu entnehmen. Sie kam von Bozen nach Brixen und blieb zwölf Jahre lang im Dienst des Felix von Spaur. In dieser Zeit, so gestand

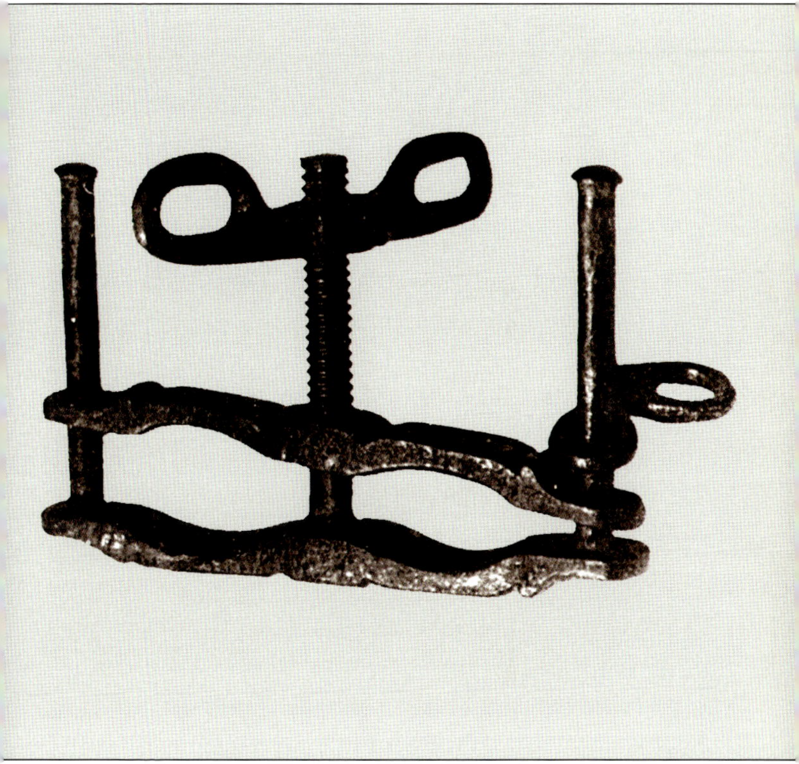

sie, hatte sie mit mehreren Männern „Umgang" und wurde des öfteren sowohl von Männern als auch von Frauen verkuppelt. Im Bericht werden die Namen dieser „Kuppler" nicht genannt – es wird allerdings mitgeteilt, daß ein Protokoll für den Hofrichter angefertigt wurde, in dem die Namen aufgelistet wurden. Außerdem denunziert Rosina eine Frau, Stine Maurerin aus Lüsen, die ebenfalls in Brixen in Dienst stand und „auch mit Kupplern umgeht". Durch Anwendung der **Folter** wurden solche Geständnisse und Denunziationen erwirkt. Für Frauen war in Tirol eigentlich nur die Daumenschraube als Foltermethode erlaubt, doch zeigt bereits der Fall der Rosina Kellermann, daß Gerichtsdiener oder Scharf-

Straffällige Frauen wurden ins Narrenhäusl gesteckt und öffentlich beschimpft, mit Unrat beworfen und geschlagen.

richter zum Zweck der Geständniserzwingung es nicht immer dabei beließen.

Wahrscheinlich wurde Rosina durch ihre Schwangerschaft verraten, und wahrscheinlich hat sie sich mit diesem Argument zu retten versucht: Wolf, des Paul H. Diener, sei der Kindsvater und habe ihr versprochen, „er woll sie zu ihre Ehren bringen", was soviel bedeutet wie, er habe ihr die Heirat versprochen. Rosina Kellermann wurde für ihre sexuellen Ausschweifungen mit dem **Narrenhäusl** bestraft. Das Narrenhäusl war ein aus Rundeisen gefertigter Käfig, in den vor allem weibliche Verurteilte für einige Zeit gesperrt wurden und wo sie wie am Pranger den Schmähungen der Passanten ausgesetzt waren. Leider wissen wir nicht, wie lange Rosina dort ausharren mußte. In anderen Fällen von weiblicher Unzucht wurden in Brixen von einem halben Tag bis zu drei Tagen Narrenhäusl verhängt.

Auch in Bozen gab es ein Narrenhäusl, das wahrscheinlich neben dem Pranger am Obstmarkt stand, auf alle Fälle an einem exponierten Ort in der Innenstadt. 1664 wurde **Ursula Mittelberger** aus dem Sarntal diese Strafe vom Bozner Landrichter angedroht, falls ihr Mann darauf bestehen würde. Sie war der „fleischlichen Vermischung" mit 16 verheirateten Männern und einem Witwer überführt worden. Das Narrenhäusl blieb ihr schließlich erspart, die öffentliche Schmach nicht: Sie mußte an drei Sonntagen mit einer brennenden Kerze und einer Rute in der Hand vor der Bozner Pfarrkirche stehen und war dem Gespött der Kirchgänger, praktisch der versammelten Gemeinde, ausgesetzt.

Über die brennende Kerze und die Rute hinaus machte das Tragen eines Strohkranzes das weibliche Unzuchtsvergehen kenntlich. Im Falle von Inzest mußten auch die Männer mit einer brennenden Kerze vor der Kirchentür stehen.

Der Fall der Sarntaler Ehebrecherin zeigt deutlich, daß gerade bei Sittlichkeitsdelikten die Gesetze nicht strikt angewandt wurden. Die Landesordnung von 1573 sah für einmaligen

Ehebruch nämlich Geld- und Gefängnisstrafen vor, im Wiederholungsfall Landesverweis. Besonders schwere Strafen wurden in den Landesordnungen für **Bigamie** gefordert. Ein Mann, der zwei Frauen, und eine Frau, die zwei Männer „öffentlich genommen und ir jedes mit den beiden zu Kirchen und Strassen gegangen", also geheiratet hat, sollten ertränkt werden.

Ehebruch und Bigamie sind Formen von Unzucht schwerwiegender Natur. Die meisten Unzuchtsfälle kamen im Unterschied dazu indirekt vor Gericht, und zwar weil eine geschwängerte Frau eine Entschädigungsklage gegen den Kindsvater einbrachte. Es ging dabei aus der Sicht der betroffenen Frau um den Verlust der Jungfräulichkeit und die Schwängerung und damit um die Wiedergewinnung der Ehre (zum Beispiel durch die Einforderung eines Eheversprechens – siehe Kap. Städterinnen) und/oder um Unterhaltsforderungen für das Kind. Laut Tiroler Landesordnung von 1573 hatte eine ledige Mutter nur dann Anrecht auf Entschädigung für den **Verlust der Ehre**, auf die Ersetzung der Kindsbettkosten und auf **Unterhalt** für ihr Kind, wenn sie gewillt war, den Kindsvater zu heiraten. Nur in diesem Fall nämlich war anzunehmen, daß der Schwängerer der Frau vor dem Beischlaf ein Eheversprechen gegeben hatte und die ledige „Weibsperson" nach bestem Wissen und Gewissen der Meinung war, ihre „eheliche Pflicht" zu vollziehen. Dies konnte sie nicht behaupten, wenn sie mit einem Geistlichen oder einem Ehemann ein Kind gezeugt hatte, weshalb sie auch in diesen Fällen keine Unterhaltsforderungen stellen konnte. War aber der ledige Kindsvater einer Heirat abgeneigt, dann schuldete er der Geschwängerten so viel, wie ihr Vater ihr als Mitgift in die Ehe mitgegeben hätte. Der „Preis jungfräulicher Ehre" war also je nach sozialem Stand der Geschwängerten ein anderer.

Ab Ende des 16. Jahrhunderts werden des **unehelichen Beischlafs** überführte Paare gerichtlich bestraft; vorher gab es dieses Delikt nicht. Auch in den Landesordnungen ist es nicht enthalten; erst die im Anhang der Landesordnung von 1573 publizierte Polizeiordnung setzt Strafen für dieses **Unzuchtsvergehen** fest: Landesverweis für ein halbes, bei Wiederholung der Tat für ein ganzes Jahr, bei weiteren Wiederholungen Gefängnis bei Wasser und Brot. In der Praxis wurde meist auch bei einmaligem Vergehen eine Gefängnisstrafe über einige Tage verhängt. Dieses rechtliche Verbot des unehelichen Beischlafs ging mit Sittlichkeitsbestrebungen und verschärften Disziplinierungsmaßnahmen von seiten der Kirche einher. Sexueller Umgang von ledigen Personen wurde kriminalisiert und verpönt, Eheversprechen, so die Absicht, sollten zugunsten der Eheschließung in der Kirche und vor Zeugen zurückgedrängt werden und der erste Beischlaf erst im Anschluß an die öffentliche Trauung gestattet sein.

Ungewollt schwangere Frauen brachte diese Verhärtung der Gesetzeslage in einen schweren Konflikt: Unterhaltsforderungen mußten von nun an mit verhältnismäßig schweren Strafen und äußerst entehrender Kirchenstrafe bezahlt werden. Ab dem 17. Jahrhundert werden dann Prozesse wegen Unzucht – etwa wegen Eheversprechen und Schwängerung ohne Kirchgang, wegen frühzeitigem Beischlaf oder wegen nicht erfolgter Gründung eines gemeinsamen Haushaltes – vom Gerichtsdiener selbst eingeleitet. Die nicht durch die Ehe legitimierte Sexualität wird damit endgültig und für lange Zeit zur strafbaren Handlung.

Gewalttätige Männer – Frauen als Opfer

Gewalt gegen Frauen gehörte in der frühen Neuzeit in einem gewissen Ausmaß zur akzeptierten Norm. Männer hatten das Recht, ihre Ehefrauen und die unter ihrer Haus-

Frauen waren der männlichen Gewalt meist schutzlos ausgeliefert. Der Ehemann hatte das Recht, seine Frau, seine Kinder und Dienstboten „bei Bedarf", zum Beispiel bei Ungehorsam, zu züchtigen.

gewalt stehenden Personen zu züchtigen, wenn diese gegen die Haus- und/oder die gesellschaftliche Ordnung verstießen. Auch die Meister hatten das Recht, ihre Lehrlinge körperlich zu züchtigen. Gewaltanwendung war mit frühneuzeitlichen Machtkonstellationen eng verbunden und gehörte zum Erziehungsstil der Zeit. Auch die Eheliteratur aus dieser Zeit räumt dem Mann ein weitgehendes **Züchtigungsrecht** ein und postuliert sogar seine Züchtigungspflicht. Gewaltanwendung gegen Frauen, insbesondere gegen Ehefrauen oder Untergebene, war ein einerseits verdecktes und andererseits, falls es nicht die Grenzen des guten Geschmacks überschritt, allgemein akzeptiertes Verhalten von Männern. Die Zeugenaussagen gegen die Bozner Hexe Lucey Prunnerin zeichnen ein eindrückliches Bild dieser allgemeinen Akzeptanz: Von mehreren Männern wird Konrad, ihrem Ehemann, geraten, ihres Ungehorsams durch Schläge Herr zu werden. Die Tatsache, daß ihr Ehemann nicht imstande war, sie zu schlagen, wird als Indiz für Luceys zauberische Kräfte gewertet *(siehe Kap. Hexerei)*.

Gewalttätige Übergriffe von Männern werden in Gerichtsakten immer wieder thematisiert, so berichtet zum Beispiel die Kindsmörderin Apollonia, daß sie der Kindsvater geschlagen habe, wenn sie, bereits schwanger, den Jungfernkranz als Zeichen von Jungfräulichkeit nicht trug. Auch in Unzuchtsprozessen bringen die betroffenen Frauen immer wieder vor, unter Gewaltanwendung geschwängert worden zu sein. Doch der Gewalt gegen Frauen wurde vor Gericht nicht nachgegangen. Männliche Gewalt gegen Frauen blieb lange Zeit weitgehend unsichtbar und unbestraft.

Dank gebührt Brigitte Rath, die an einer Dissertation über Kriminalität in Bozen um 1500 arbeitet und für dieses Kapitel freundlicherweise einige Fallgeschichten zur Verfügung gestellt hat.

MICHAEL
Raseur
waren

5

Prostitution

Das Bozner Frauenhaus 1472 bis 1540

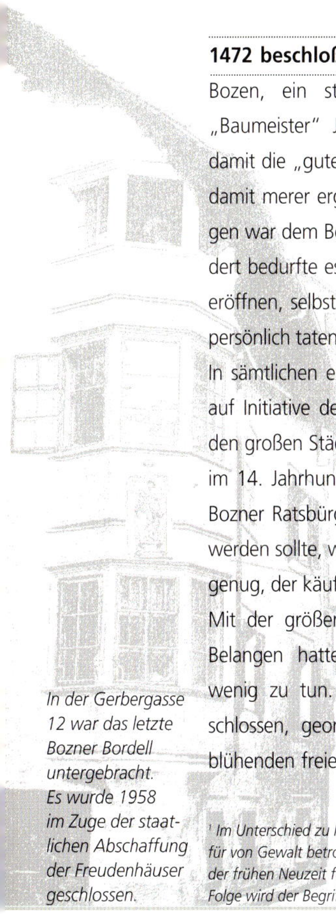

In der Gerbergasse 12 war das letzte Bozner Bordell untergebracht. Es wurde 1958 im Zuge der staatlichen Abschaffung der Freudenhäuser geschlossen.

1472 beschloß der „ehrsame und weise" Rat der Stadt Bozen, ein städtisches „Frauenhaus"[1] einzurichten. Der „Baumeister" Jost Ortlieb wurde mit dem Bau beauftragt, damit die „guten Frawlein ihre Wohnung da gehoben mugen, damit merer ergernus vermiden werden". Weitere Ausführungen war dem Bozner Rat die Sache nicht wert. Im 15. Jahrhundert bedurfte es keiner großen Erklärungen, um ein Bordell zu eröffnen, selbst wenn es die ehrenwertesten Bürger der Stadt persönlich taten.

In sämtlichen europäischen Städten entstanden zu dieser Zeit auf Initiative der Stadtverwaltungen Frauenhäuser, falls sie in den großen Städten wie etwa in Venedig und Paris nicht schon im 14. Jahrhundert bestanden. Die schlichte Begründung der Bozner Ratsbürger, daß dadurch größeres Ärgernis vermieden werden sollte, war auch für die anderen städtischen Räte Anlaß genug, der käuflichen Liebe eine städtische Ordnung zu geben. Mit der größeren Freizügigkeit des Mittelalters in sexuellen Belangen hatte die Einrichtung von Frauenhäusern daher wenig zu tun. Vielmehr waren die Stadtverwaltungen entschlossen, geordnete Verhältnisse auf dem zu allen Zeiten blühenden freien Sexmarkt zu schaffen. Die tolerierte, verwal-

[1] Im Unterschied zu heute, wo der Begriff „Frauenhaus" eine soziale Einrichtung für von Gewalt betroffene Frauen bezeichnet, wurde er im Spätmittelalter und in der frühen Neuzeit für vorwiegend städtisch geführte Bordelle verwendet. In der Folge wird der Begriff in seiner historischen Bedeutung beibehalten.

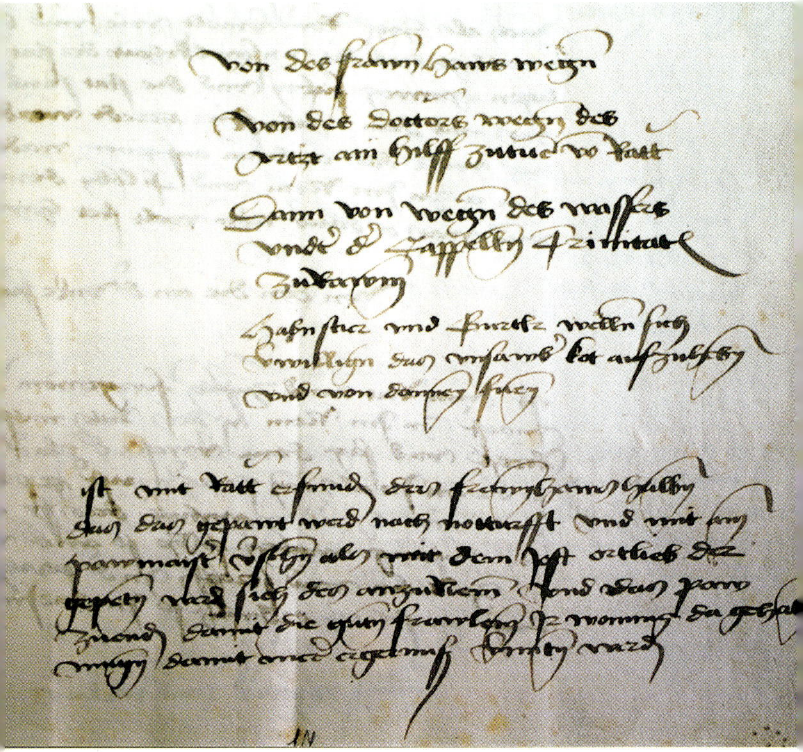

Auszug aus dem Bozner Ratsprotokoll von 1472: Beschluß des Bozner Stadtrates, das Frauenhaus zu bauen

tete Prostitution sollte den Straßenstrich und die verdeckte, armutsbedingte Prostitution in Grenzen halten. Durch die Akzeptanz einer begrenzten Anzahl von städtischen Dirnen, die jeder kannte und die mit gewissen Rechten und Pflichten ausgestattet waren, konnten alle anderen „leichten Mädchen" noch weiter an den Rand gedrängt werden. Im Bozner Frauenhaus waren wie in anderen Städten dieser Größenordnung zwischen sechs und zehn Prostituierte aktiv, die zwar toleriert, aber auch ausgegrenzt waren. Sichtbar wird die Marginalisierung käuflicher Sexualität und ihrer Anbieterinnen in erster Linie am Standort. Das Bozner Frauenhaus wurde in der **Rauschgasse** (heute Rauschertorgasse), einer abgelegenen

Das erste Frauenhaus Bozens stand in der Rauschertorgasse, die zu dieser Zeit am Stadtrand lag.

Gasse am Stadtrand, eingerichtet. Wie die meisten mittelalterlichen Frauenhäuser war es mit einem Wirtshaus verbunden, dem **Gasthaus „am Frauenhaus"**. Leider ist für die Bozner Einrichtung keine Frauenhausordnung überliefert, daher kann nur von den Regeln anderer zeitgenössischer Frauenhäuser auf die Bozner Verhältnisse geschlossen werden. Mit der Führung des Frauenhauses betraute der Rat einen Frauenwirt oder eine Frauenwirtin. Sie hatten die Finanzgebarung inne – dem Rat mußten Abgaben geleistet werden, damit die Instandhaltungskosten des Hauses gedeckt waren. Ferner waren die Wirte für die Dirnen, die „gemeine" oder „fahrende Frauen oder Fräuleins", aber auch „Mägde" oder „Töchter" genannt wurden, verantwortlich, und darüber hinaus für alles, was sich innerhalb des Frauenhauses abspielte.

Ein Frauenhaus war, wie die zahlreichen Wirtshäuser der Stadt, ein potentieller Unruhefaktor in der städtischen Ordnung. Es unterstand **strikten Regeln**: Wie die Gastwirtschaften mußte es zwischen acht und zehn Uhr abends geschlossen werden; einzelne Gäste konnten aber bei den Prostitutierten übernachten. Im Frauenhaus hielten sich vor allem Ortsfremde auf, die ganz oder zeitweise nicht voll in die Gesellschaft integriert waren. Frauenhäuser standen daher auch im Dunstkreis von Kriminalität. In Bozner Gerichtsquellen geht das Frauenhaus als Lager für Diebesgut hervor. Die Prostituierten kamen nicht aus der Stadt, und die Kunden waren in der Mehrzahl Durchreisende oder ledige Knechte und Lehrlinge, die ebenfalls zum mobilen Teil der Gesellschaft gehörten. Die Bemühungen des Stadtrates liefen darauf hinaus, dieses undurchsichtige Treiben zu kontrollieren und zu reglementieren. Frauenwirt oder Frauenwirtin waren verpflichtet, alle Verdächtigen und jeden Friedensbruch dem Rat zu melden. Das Frauenhaus sollte ein ruhiger und ungefährlicher Ort sein, wo sexuelle „Spannungen" auf gesittete Weise kanalisiert werden konnten, so die Vorstellung der Ratsbürger. Daher unterstanden auch die Prostituierten einer genauen Kontrolle. Sie sollten ledig und nicht ortsansässig sein, wobei die FrauenwirtInnen angehalten wurden, gesunde, im hygienischen Sinne gepflegte und wenig anspruchsvolle Frauen für diese Tätigkeit zu rekrutieren. Die städtischen Prostituierten waren im Unterschied zu den fahrenden Dirnen in gewisser Weise in ihr soziales Umfeld integriert. In Krisenzeiten hatten sie Anspruch auf Hilfe. Trotzdem lebten sie am Rand der städtischen Gesellschaft und wurden durch Kleiderordnungen als Ausgegrenzte stigmatisiert. Ihre Bewegungsfreiheit war eingeschränkt, sie durften an Festlichkeiten nicht teilnehmen und bekamen in der Kirche bestimmte Bänke zugewiesen. Wie etwa Henker, Schinder, Totengräber, Abdecker und wie Andersgläubige,

Das Bozner Frauenhaus hatte eine widerspenstige Frauenwirtin: Katharina widersetzte sich mehr als ein halbes Jahr lang dem Willen des Stadtrates, das städtische Frauenhaus in der Rausch(ertor)-gasse zu schließen.

insbesondere Juden, galten sie als **„unehrlich"**. Diese Gruppen randständiger Menschen waren unverzichtbar und geduldet, weil sie wichtige gesellschaftliche Aufgaben erfüllten. Gleichzeitig wurden sie aber auch verachtet und eben marginalisiert. Innerhalb der städtischen Gesellschaft nahmen sie den untersten Platz ein, der Kontakt mit ihnen war reglementiert und auf ihre jeweilige Funktion beschränkt. Als „Unehrliche" standen sie daher häufig untereinander in Beziehung. Mit der Führung von Frauenhäuser wurden öfters Scharfrichter oder Gerichtsdiener betraut. Meister Konrad, der Züchtiger von Bozen, bewarb sich 1484 um die Stelle des Frauenwirts beim Stadtrat. Das Bozner Frauenhaus war abgebrannt und sollte neu errichtet werden. Meister Konrad wollte das neue Haus gegen Pachtzins übernehmen oder in seinem eigenen Haus ein Bordell eröffnen. Im 16. Jahrhundert kam durch die lautstarke Kritik der Reformatoren an städtischen Frauenhäusern und käuflicher Liebe die Theorie des kleineren Übels, wodurch außereheliche Sexualität kirchlich gebilligt worden war, stark in Verruf. Die traditionelle Vorstellung der Kirche, daß die Sünde ein zwingender Bestandteil des irdischen Lebens sei, verlor an Geltungskraft. An ihre Stelle trat eine Moral, die den einzelnen für seine Gedanken, Handlungen und Empfindungen voll verantwortlich machte. Höchstes Ideal der Lebensführung war für die Reformatoren die Ehe, für die Katholiken blieb es zwar das geistliche Leben, die Ehe erhielt jedoch durch das Konzil von Trient, den Ausgangspunkt der katholischen Reform, eine entscheidende Aufwertung. Gemeinsam war beiden Haltungen eine strikte Diffamierung außerehelicher sexueller Kontakte. Städtische Frauenhäuser wurden im Gefolge dieser veränderten Haltung reihenweise geschlossen, zuerst in den protestantischen Städten, etwas später in den katholischen; „Hurerei" wurde generell verboten. Das Bozner Frauenhaus wurde im Juni 1540 geschlossen. Obwohl der Beschluß des Stadtrates bereits im November 1539 gefaßt worden war, hatte **Katharina, die Frauenwirtin**, den Befehl des städtischen Rates nicht befolgt. Auch die Gefängnis-

laudium etiam ma
lum. Translateur.
En ceste partie Va
lerius commence le
ix.e livre qui est des ditz et des
fais dignes de memoire de la
cite de romme et des estrangiers
duquel apres ce que Valerius es-

continuation soit raisonnable
peut apparoir qui considere les
matieres des viij precedens. Car
ou premier il a traictie du culti-
vent divin. Ou second il a deter-
mine des choses qui appartiennent
a la vertu de prudence. Si comme
sont les institutions des anciens

strafe ihres „gewesten anhangs" Wolfgang Am Kreuz veranlaßte sie nicht zur Räumung, weshalb der Bozner Rat mit härteren Strafen drohte: Würde das Frauenhaus nicht binnen drei Tagen endgültig geschlossen, käme Katharina für acht Tage bei Wasser und Brot hinter Gitter, anschließend würde sie aus dem Landgericht verwiesen. Damit war es mit der kommunal verwalteten Lust in Bozen vorbei, und für lange Zeit sollte es kein Bordell mehr geben.

Freie Frauen – arme Frauen

Neben den kontrollierten Prostituierten des Frauenhauses gab es stets auch zahlreiche **„freischaffende" Dirnen**. Das waren zum einen die zahlreichen fahrenden Frauen, die häufig durch Prostitution ihren Lebensunterhalt verdienten, zum anderen arme Frauen, die in verdeckter Form als Alleinstehende oder mit der Billigung ihres Ehemannes ihr Geld durch sexuelle Dienste erworben. Das Nahverhältnis zwischen Betteln und Prostitution verweist auf den harten Existenzkampf, den fahrende Frauen zu bestehen hatten. Der Verkauf ihres Körpers war eine der wenigen Möglichkeiten, Essen und Kleidung zu beschaffen. Dabei legten sie oft sehr weite Strecken zurück und ließen sich dort nieder, wo es Erwerbschancen gab. Sie waren meist in Gruppen unterwegs, mehrere Frauen gemeinsam oder eine Frau mit ihrem Partner oder Ehemann. Mit der Kriminalisierung außerehelicher Sexualität im Laufe des 16. Jahrhunderts trat eine zwar stets vorhandene, aber verdeckte Form der Prostitution in den Blick der Obrigkeit: die Prostitution stadtsässiger armer Frauen, die ihren Unterhalt durch käufliche Liebe hinter den städtischen Kulissen, im eigenen Haus sicherten. So hatte sich die wegen Ehebruchs 1664 verklagte **Ursula Mittelberger** (vgl. Kap. Kriminalität/Sittlichkeitsdelikte) aller Wahrscheinlickeit nach nicht aus sexueller Überaktivität heraus

Ein Badehaus aus dem 14. Jahrhundert: Männer und Frauen badeten zusammen, Bademägde und -knechte boten vielfältige körperliche Dienste an.

nachweislich mit 16 Ehemännern und einem Witwer eingelassen, sondern ging wohl gewerbsmäßig der Prostitution nach. Ihr Mann bestand nicht auf der schweren Narrenhäusl-Strafe, ein Indiz dafür, daß er über die sexuellen Machenschaften seiner Frau im Bilde war. Vielleicht hatte er sie sogar dazu aufgefordert und die Vermittlung von Freiern übernommen, wie dies auch bei den männlichen Begleitern der „fahrenden" Dirnen üblich war.

Die Kriminalisierung von vor- und außerehelicher Sexualität wuchs mit der Propagierung einer Moral, die weibliche Ehrbarkeit streng an die Prinzipien christlicher Lebensführung, Seßhaftigkeit und das Leben in einem überschaubaren, vom Hausvater repräsentierten Haushalt knüpfte. Die zunehmende Diskriminierung alleinstehender Frauen und weiblicher Lebensgemeinschaften war eine direkte Folge dieser Haltung, von der massiven Bekämpfung fahrender Bevölkerungsschichten ganz zu schweigen *(siehe Kap. Städterinnen/Arme Frauen)*. Während armen, nichtseßhaften Männern Arbeitsunwilligkeit vorgeworfen wurde, haftete armen, vagierenden Frauen zunehmend ein sexuelles Stigma an. Nicht aus sozial produzierter Not würden demnach Frauen auf der Straße landen, sondern aufgrund ihrer Liederlichkeit. Seitdem wurden vagierende Frauen parallel zu den männlichen „Bettlern" vielfach pauschal als „Huren" bezeichnet.

„Die Tirolerin"

Prostitution im 18. Jahrhundert

Der wachsende Druck der Obrigkeit hatte keineswegs das Verschwinden der Prostitution zur Folge, sondern vielmehr eine Verlagerung der käuflichen Liebe aus dem Blickfeld der städtischen Bürgerlichkeit. Der Versuch, die Prostitution durch städtische Frauenhäuser zu kontrollieren und

„Tirolerinnen" wurden im 18. Jahrhundert die von Stadt zu Stadt reisenden Prostituierten genannt. Sie gaben sich als Kurzwarenhändlerinnen aus und betätigten sich als Lustmädchen für alleinreisende Händler.

gleichzeitig auszugrenzen, schlug fehl. Genauso scheiterte der Versuch, sie durch die Kriminalisierung der Prostituierten aus der Welt zu schaffen. In großen Städten hatte es immer Bordelle gegeben, neben Gasthäusern, die ihre wahre Funktion als Stützpunkte käuflicher Liebe kaum verbargen. Dirnen unterstanden zwar keiner Kleiderordnung mehr, dafür waren sie an symbolischen Markenzeichen wie tiefen Dekolletés und dem Hinauslehnen aus dem Fenster leicht erkennbar. Zudem wurden nicht nur Wirtshäuser, sondern auch bürgerliche Salons oder einfache Wohnhäuser zum vornehmlichen Schauplatz der bezahlten Lust. Die Umrisse dieser Prostitution im Halbdunkel von Handels- und Messestädten werden in dem 1744 erschienenen Buch **„Merkwürdiges Leben einer sehr schönen und weit und breit gereisten Tirolerin"** beschrieben. Jacques le Pensif, so das Pseudonym des Autors, verwendet dabei die Bezeichnung „Tirolerin" als Synonym für „Prostituierte". Die aus Meran stammende Clara zieht von einer Messe zur anderen, bietet vordergründig Kurzwaren feil, in Wirklichkeit aber hat sie es auf die reisenden Händler und deren Geld abgesehen. Gemeinsam mit Schicksalsgefährtinnen, allesamt Tirolerinnen, mietet sie in den Städten ein Zimmer und läßt sich von den zahlenden Herren feiern und verführen. Trotz reuevoller Bekehrung der „Kurzwarenhändlerin" zu einem tugendhaften Leben am Ende des Buches bleibt eine drängende Frage offen: Woher stammt die Gleichsetzung von „Tirolerin" mit „freier Prostituierter"? Ist sie ein literarischer Topos, oder hatte sie angesichts und trotz des immer heiliger werdenden Tirol tatsächlich eine reale Entsprechung? Das sich gegen Innovation und Industrialisierung sperrende Tirol setzte eine große Anzahl an weiblichen, unverheirateten Arbeitskräften frei, die sich vielleicht tatsächlich auf diese Weise ihren Lebensunterhalt verdienten. Für die Messestadt Bozen ist jedenfalls ein solches Szenario perfekt verdeckter Prostitution

chen Untersuchung unterziehen sollte. „Die geschlechtskrank Befundenen wären unverzüglich an das Frauen-Spital nach Schwaz abzuschieben."

Das **Frauenspital in Schwaz** war im Spätsommer 1916 eingerichtet worden. Im entsprechenden Erlaß wurde betont, daß die Überführung der betroffenen Frauen ins Spital möglichst unauffällig und nach Möglichkeit in einem separaten Zugabteil erfolgen sollte.

Die Angst vor Geschlechtskrankheiten führte so weit, daß das k.u.k. Armee-Oberkommando forderte, für alle weiblichen Bediensteten in Hotels, Fremdenherbergen, Kaffee- und Wirtshäusern eine ärztliche Untersuchungspflicht einzuführen. Diesem Ansinnen konnte allerdings nicht entsprochen werden, da es letztlich einer Tolerierung der geheimen Prostitution gleichgekommen wäre.

Auf dem damaligen Viehmarktplatz (heute Verdiplatz) befand sich bis zum Ende des Ersten Weltkriegs das Bozner Bordell.

An solchen Verordnungen und Äußerungen wird deutlich, daß die sich aus der Prostitution ergebenden Probleme zur Gänze auf die Frauen abgewälzt wurden. Diese verkauften nicht nur ihren Körper, sondern hatten auch alle Verantwortung für die Konsequenzen zu tragen. Sie waren für die Verhütung sowie für die Verhinderung möglicher Ansteckung zuständig. Sie mußten sich registrieren und kontrollieren lassen. **Die Männer blieben anonym**, bezahlten den Preis und bekamen dafür ihr Vergnügen.

Auch der folgende Brief, den das Stadtpolizeiamt Bozen an sämtliche Prostituierte im Etablissement „Maxim" am Viehmarktplatz richtete, spiegelt diese Sichtweise wider:

„Anlässlich eines Falles, in welchem Prostituierte sich tageweise in der Stadt in Herrenbegleitung herumtrieben und abgehen wollten, ohne sich vorher hieramts abzumelden, werden die bisher bestehenden Prostituiertenvorschriften neuerdings in Erinnerung gebracht und im Rahmen derselben insbesondere angeordnet:

1) Jede Prostituierte hat sich gelegentlich ihrer Aufnahme ins Maxim nach Erhalt des Gesundheitsbuches beim Polizeiinspektor zu melden. (...)
3) Das Promenieren der Prostituierten, jedes auffällige Benehmen auf öffentlichen Plätzen und in den Straßen der Stadt, insbesondere auf dem Waltherplatze, sowie in öffentlichen Lokalen ist strengstens verboten. Zum Zwecke der Erholung und der Besorgung von Einkäufen ist den Prostituierten einzeln oder zu zweien einmal pro Woche in der Zeit von 2 bis 6 Uhr nachmittags der Ausgang erlaubt. Die Regelung dieser für den Besuch in der Stadt bestimmten Zeit hat einvernehmlich mit dem Polizeiamte zu erfolgen."
In den zwanziger und dreißiger Jahren kam es unter dem faschistischen Regime insgesamt zu einer Verschärfung der

gesetzlichen Kontrolle der Prostituierten. Nach einer Regelung aus dem Jahr 1923 mußten alle Prostituierten im Besitz eines speziellen Büchleins sein, in dem die ärztlichen Kontrollen genauestens verzeichnet wurden. Außerdem wurden den Sanitätsdienststellen Kompetenzen in diesem Bereich entzogen, und die Oberaufsicht über die Prostitution wurde zur alleinigen Angelegenheit der Polizei. In Bozen kam es in diesen Jahren zu heftigen Auseinandersetzungen über den **Standort eines Bordells**. Das oben beschriebene Haus der Frau Kratz befand sich auf dem Viehmarktplatz. Der Bozner Quästor entschied allerdings, daß dieser Ort zu zentral gelegen und damit zu sehr der Öffentlichkeit ausgesetzt sei, und verfügte deshalb die Schließung. Die verschiedenen Versuche, einen neuen Standort zu finden, erwiesen sich jedoch als äußerst schwierig, da sich jedesmal an den betreffenden Örtlichkeiten Bürgerinitiativen zum Protest gegen die Errichtung eines Bordells in der Siedlung bildeten. Einschlägige Protestbriefe kamen von der Pfarre Gries (1927), als über einen Standort neben der Station der Guntschnabahn diskutiert wurde. 1931 sprachen sich Bewohner der Eisackstraße in einem Schreiben an den Bozner Podestà vehement gegen die Eröffnung eines Bordells in ihrer Straße aus. Auch Bewohner und Anrainer der Gerbergasse wehrten sich 1936 gegen eine solche Einrichtung. Ihr Engagement war allerdings vergeblich – das Bozner Bordell befand sich bis zu seiner Schließung 1958 in der **Gerbergasse 12**.

Vom Bordell auf die Straße

Im Jahre 1948 brachte die sozialistische Senatorin Lina Merlin einen Gesetzesvorschlag ein, der zehn Jahre später in Kraft trat. Mit der „Legge Merlin" waren nicht die Abschaffung oder Kriminalisierung der Prostitution beabsichtigt, sondern die **Schließung der Bordelle** und das Verbot jeder Art von Zuhälterei sowie der Registrierung der Prostituierten. Italien folgte damit verspätet dem Beispiel anderer Länder, in denen entsprechende Gesetze schon wesentlich früher verabschiedet worden waren. Im Gesetz waren auch Reintegrationsprogramme für Prostituierte vorgesehen. So wurde 1959 der „Comitato Italiano di Difesa morale e sociale della Donna" (CIDD) gegründet, der den Frauen der Übergang in einen alternativen Tätigkeitsbereich erleichtern sollte.

Aufgrund dieses Gesetz wurde 1958 schließlich das Bozner Bordell in der Gerbergasse geschlossen. Das bedeutete allerdings keineswegs, daß damit gleichzeitig die Prostitution in Bozen abgeschafft wurde; sie hat sich nur auf die Straße und in Privatwohnungen verlagert und ist in dieser Form kaum weniger problematisch als in den geschlossenen Häusern. Mit Beginn der achziger Jahre begannen die Prostituierten in Italien erstmals selbst ihre Anliegen zu formulieren und eine Revision der Legge Merlin zu fordern. Sie organisierten sich im „Comitato per i diritti civili delle prostitute", der vor allem in den oberitalienischen Städten Fuß faßte und 1983 mit der Herausgabe der Zeitschrift „Lucciola" seinen Grundstein legte. Die Prostituierten forderten die gesetzliche Anerkennung ihrer Tätigkeit als Beruf mit den damit verbundenen Rechten und Pflichten. Erst die gesellschaftliche Akzeptanz ihrer Arbeit würde es ihnen ermöglichen, diese zumindest ansatzweise selbstbestimmt zu organisieren.

6

Bürgerliche Lebenswelten im 19. Jahrhundert

Das Öffentliche und das Private

Die strikte Trennung zwischen Öffentlichkeit und Privatheit entsprach zu keiner Zeit einer sozialen Realität, sondern war ein ideologisches Konstrukt. Als solches hatte es allerdings für Frauen und Männer unterschiedliche Bedeutung und Wirksamkeit.

Die Begriffe Öffentlichkeit und Privatheit prägen bis heute die soziale Wahrnehmung. Die Einteilung aller gesellschaftlichen Verhältnisse in private und öffentliche Bereiche empfinden wir als selbstverständlich und sinnvoll. Ähnlich selbstverständlich erscheinen oft die unterschiedlichen Rollen von Frauen und Männern in diesen beiden Bereichen: Die Männer besetzten und besetzen die öffentlichen Räume, während die Frauen als „Expertinnen der Privatheit" galten und gelten. Diese Trennung von Öffentlichkeit und Privatheit ist historisch betrachtet allerdings sehr jung. Als im bürgerlichen Zeitalter die Zugehörigkeit zu einem bestimmten Stand (Adel, Bürgertum, Bauern) an Bedeutung verlor, wurde die Unterscheidung zwischen Mann und Frau zu einem zentralen gesellschaftlichen Ordnungskriterium.

Wohnen in Bozen

Die historische Entwicklung des Bürgertums in Bozen hat architektonische Spuren hinterlassen. Erster Ausdruck bürgerlichen Wohnens waren die Lauben. Die hohen, schmalen **Laubenhäuser** sind beispielhaft für das Nebeneinander von Wohn- und Arbeitsplatz, wie es bis in die frühe Neuzeit üblich war. Über dem Kellergewölbe befanden sich die Ladenräume. In den unteren Stockwerken wohnten die Kaufleute mit ihren Familien, im dritten Stock und im Dachgeschoß waren die Dienstboten oder Mieter untergebracht. Insgesamt entspra-

Blick ins Wohnzimmer einer Bozner Bürgerfamilie zu Beginn dieses Jahrhunderts chen die Häuser nicht unbedingt heutigen Vorstellungen von schönem Wohnen, da der Wohnraum eng und dunkel war. Licht kam nur durch Innenhöfe, die sogenannten Lichthauben, in die Wohnungen.

Das Bürgertum hatte sich in Bozen vor allem als Handelsbürgertum etabliert. Durch die günstige Lage der Stadt als Drehscheibe des Handels zwischen dem oberitalienischen und dem süddeutschen Raum erlebten die städtischen Führungsschichten einen starken ökonomischen Aufschwung, der sich auch in einer intensiven Bautätigkeit im 17. und 18. Jahrhundert ausdrückte, wobei es weniger zu einer Erweiterung der Stadt kam als vielmehr zu einem Umbau bestehender Bausubstanz. Zahlreiche Bürgerhäuser in den Lauben, in der Silber- und der Mustergasse und im übrigen Stadtkern wurden barockisiert,

Die 1898 für den Verkehr geöffnete Sparkassenstraße ist ein Paradebeispiel gutbürgerlichen Wohnens in Bozen. Die große Wohndichte in der Straße macht deutlich, wie begehrt die Baugründe hier waren.

Fassaden wurden neu gestaltet, Stiegenhäuser und Innenräume ausgebaut. Das Bozner Bürgertum orientierte sich an adeligen Lebensformen und Wertvorstellungen.

Fassaden. Um 1860 begann in Bozen eine Phase bewußter neuzeitlicher Stadtplanung und -erweiterung. Es enstanden die heutige **Dante-** und die **Carduccistraße,** die **Sparkassenstraße** und die **Leonardo-da-Vinci-Straße**. Das 19. Jahrhundert gilt als jenes, in dem sich „bürgerliche Kultur" im heutigen Sinn etablierte. In Bozen war der Aufstieg des Bürgertums zudem begleitet von nationalen Konflikten zwischen dem italienischen und dem deutschen Sprachraum. Der Historismus des 19. Jahrhunderts verlieh sowohl den bürgerlichen als auch den nationalen Repräsentationsbedürfnissen Ausdruck. So

wurde die Fassade im 19. Jahrhundert zu einem wichtigen Element der kulturellen und nationalen Selbstdarstellung des Bozner Bürgertums. Beispielhaft dafür sind etwa die Sparkassenstraße mit Stilelementen der Nürnberger Nationalromantik und der Wiener Ringstraßenrenaissance und die Leonardo-da-Vinci-Straße, wo bayerischer Barock und Jugendstil dominieren.

Hinter den Fassaden. Wie schaute der Innenbereich der Häuser aus? Wie spielte sich das Alltagsleben darin ab? Begleiten wir einen Gast auf seinem Gang durch das **Haus Payersberg** des Rechtsanwaltes Joseph Streiter in Bozen Dorf. Das Hausinnere nahm sich um 1840 folgendermaßen aus:

„Sie führte mich also unter Begleitung der Kinder zuerst in dem zweistöckigen Ansitz herum, in die helle, offene Speisehalle, welche Cornelius' Zeichnungen zu Goethes Faust, dann in das Empfangszimmer, das verschiedene werthvolle Bilder, zumeist Kupferstiche nach Raphael, Titian, Paolo, Veronese und andere, zierten. Hierauf wurde der Büchersaal

Familienbild spiegelt Hierarchien wider: Staatsanwalt Dr. Alois Weber mit Ehefrau Marie Wachtler, Kindern und Enkel

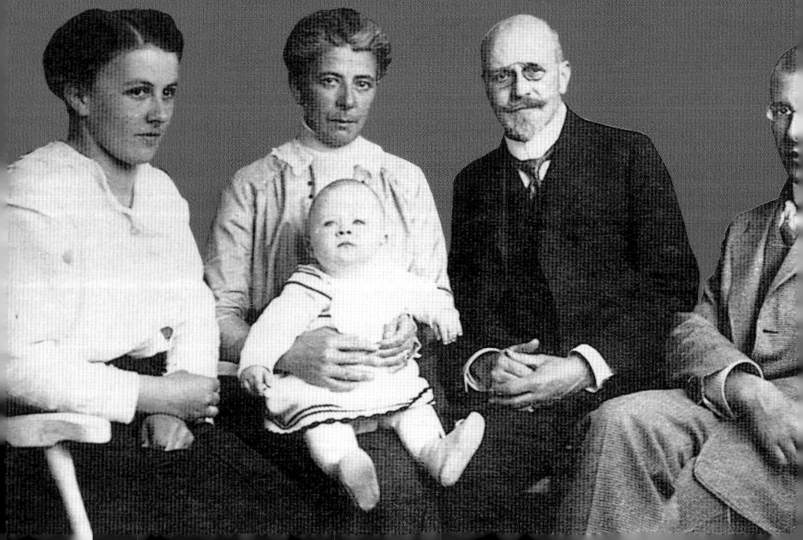

Der Wohnraum war im gutbürgerlichen Haus der Ort, der den Status der Familie repräsentierte.

geöffnet, der hohe, schöne Schränke und in diesen das Beste aus allen Literaturen, den alten und neuen, gewahren ließ. Endlich kamen wir auch in ein feines, niedliches Stübchen, das mir zur Herberge bestimmt war."

Großbürgerliches Wohnen. Privatheit, Innenräume und all das, was als Alltag bezeichnet wird, galten lange als nicht geschichtswürdig, und ihre Spuren wurden deshalb kaum überliefert.

Charakteristisch war ab dem 17. Jahrhundert der Trend zu einer Differenzierung der Raumfunktionen und einer Individualisierung der Wohnbereiche. Die Form des „ganzen Hauses", die bis in die frühe Neuzeit Leben und Arbeit bestimmt hatte, wurde aufgelöst durch die zunehmende räumliche Trennung von Arbeitsplatz und Wohnort. Aus dieser ökonomisch bedingten Veränderung resultierten neue ideologische Orientierungen, wie die Konstruktion eines privaten Bereiches, das Bedürfnis nach Abgrenzung der Familie als solcher und der Familienmitglieder untereinander. So gab es auch in den Wohnungen **private** und **öffentliche** Räume. Zu ersteren gehörten Schlafzim-

 Luxus von Terrassen und Gärten leisten konnten und wo insgesamt hellere und größere Wohnräume entstanden, als dies in der Altstadt möglich gewesen wäre. Die Stadtwohnungen waren schon aufgrund architektonischer Gegebenheiten kleiner und finsterer.

Soziale Unterschiede zeigten sich nicht nur in der Ausgestaltung der Wohnungen, sondern auch in der Art, wie man darüber verfügen konnte. So war es etwa in klein- und mittelbürgerlichen Familien üblich, Untermieter aufzunehmen.

Arbeit ohne Feierabend: Hausarbeit

Der „bürgerliche Haushalt" des 18. und 19. Jahrhunderts hatte viele Gesichter; sozialer Status und Größe der Familie bestimmten Art und Ausmaß der Hausarbeit, die häufig als zeitloser und ahistorischer Katalog sozialer Pflichten erscheint. Menschen mußten immer ernährt, gekleidet, gepflegt und emotional versorgt werden. Diese Arbeit wurde nahezu ausschließlich von Frauen verrichtet. Die gesellschaftliche Anerkennung dafür blieb ihnen weitgehend versagt, denn Hausarbeit wurde gesellschaftlich nicht als Arbeit wahrgenommen. Auch handelt es sich bei Hausarbeit keineswegs um einen ein für allemal feststehenden Aufgabenbereich; auch hier gab und gibt es Veränderungen.

Hausarbeit als Lohnarbeit. Die Führung eines Haushaltes war vor hundert Jahren arbeitsintensiver als heute. Es fehlten nicht nur die technischen Hilfsmittel, es konnten auch kaum Arbeiten nach außen delegiert werden. Viele Gebrauchsgegenstände großbürgerlicher oder adeliger Haushalte, wie Spitzenwäsche und Silbergeschirr, verursachten in der Anwendung viel Arbeit. Die Anstellung von Dienstmädchen galt daher nicht als Luxus und war auch in kleinbürgerlichen Haushalten

Dienstmädchen Zilli, Bozen 1913

üblich. In einfacheren Häusern gab es meist nur das **„Mädchen für alles"**, während in größeren und wohlhabenderen spezielle Arbeitsbereiche ausgewiesen wurden. Da traf man eine **Köchin** oder **Wirtschafterin,** ein **Stubenmädchen,** ein **Kinderfräulein** und ebenso einen Hausknecht oder Gärtner. Diese Trennung der Aufgabengebiete hatte zugleich eine Hierarchisierung der Dienstboten zur Folge: Eine Köchin war meist älter, sie verfügte über mehr Berufserfahrung als ein Kindermädchen und erhielt auch mehr Lohn. Andererseits übernahmen einige

 Kinderfräulein auch Aufgaben einer Privatlehrerin und stellten sich dadurch wieder an die Spitze der Hierarchie. Die Zuständigkeiten der „Mädchen für alles" waren am unklarsten definiert, zumal ihre Arbeitssituation am unmittelbarsten von ihrem Verhältnis zur Hausfrau abhing.

Dies zeigt auch ein Brief, den Anna Streiter 1851 ihrem Mann schreibt und in dem sie sich über die neue Magd äußert: „Sie ist eine Bozenerin, die Tochter eines früheren Gemeindedieners der 12 Malgreien, hat weder Vater noch Mutter oder Geschwister und ist gegenwärtig in einem sehr schweren Dienst. Sie ist 24 Jahre alt, groß und stark, gar nicht hübsch, aber freundlich. Die Theres ist, wie Du sie kennst, manchmal unausstehlich, vorzüglich läßt sie ihren bösen Humor an der Tilla aus. Ich werde ihr am Sonntag kündigen, damit sie mir nicht sagen kann, daß es für einen guten Dienst zu spät ist, wie es scheint, ahnt sie es, glaubt aber fest, Du werdest sie zurückhalten. Diesen Gedanken, der im Grunde ein Hohn gegen mich ist, werde ich mit einem Worte zunichte machen, indem ich ihr sage, daß es auch Dein Wille ist, daß sie geht."

Dienstbotenordnung. In Tirol galt seit 1879 eine Dienstbotenordnung. Darin werden nicht nur arbeitsrechtliche Fragen behandelt, sondern es wird auch die Pflicht zur „sittlichen Lebensführung" eingefordert. Die umfassende Überschaubarkeit von Dauer und Wechsel der Arbeitsverhältnisse machte aus der Dienstbotenordnung auch eine moralische Kontrollinstanz.

§ 14. (...) (Der Dienstbote) darf ohne Erlaubnis des Dienstgebers in eigenen Angelegenheiten sich nicht vom Hause entfernen und nicht über die bewilligte Zeit ausbleiben. Er darf gegen das Verbot des Dienstgebers Besuche überhaupt oder von bestimmten Personen nicht annehmen.

§ 16. Ohne Vorwissen und Bewilligung des Dienstgebers darf der Dienstbote seine Kleidungs- und Wäschestücke oder seine sonstigen Habseligkeiten außer dem Hause, wo er dient, nicht aufbewahren. Er muß sich die Durchsicht seiner Truhen, Koffer und sonstigen Behältnisse von seiten des Dienstgebers, ohne Angabe eines Grundes, in seiner und eines Zeugen Gegenwart gefallen lassen."

In der Dienstbotenordnung werden zehn Gründe aufgelistet, „in welchen Fällen der Dienstgeber den Dienstboten sogleich entlassen kann". Es gab aber nur fünf Anlässe, „in welchen Fällen der Dienstbote den Dienst vor der Zeit verlassen kann".

Franz von Braitenberg (Jg. 1904) über die Herkunft der Dienstmädchen in seiner Familie, einem Arzthaushalt: „Da war eine nette, resche Siebenbürger Sächsin, die mir von Rübezahl erzählte. Von der kleinen, dicken Valsuganerin (...) lernte ich einen Satz Italienisch: Carlotta, prego puliscimi il naso. Die Kindsmarie (...) war eine Bauerntochter aus Altrei; groß, hager, blaß und ernst habe ich sie in Erinnerung."

Dienstmädchen. Die Bozner Dienstmädchen kamen aus Bozen selbst oder aus den Dörfern der näheren und weiteren Umgebung, aber auch aus den Nachbarregionen Tirols und dem Ausland. Die Arbeit als Dienstmädchen in städtischen Haushalten war attraktiv: Es gab die Möglichkeit des sozialen Aufstieges durch Heirat, und die jungen Frauen konnten in der Stadt Fuß fassen und sich urbanisieren.

Frau Z. ist 1917 in Spinges geboren und kam im Jahr 1941 als Dienstmädchen nach Bozen. Sie erzählt:

„Schon als Kind mit zehn, zwölf Jahren wollte ich immer nach Bozen. Wir hatten Tanten in Bozen, und wenn sie uns besucht haben, sind sie mir immer als sehr schöne und elegante Frauen erschienen. Sie waren auch immer schön angezogen. Deshalb wollte ich auch nach Bozen. Man hat dann auch einen Unterschied gemerkt zwischen mir und meinen Schwestern. Ich habe auch gerne nach Bozen geheiratet. Aber eine richtige Boznerin wird man trotzdem nie; man bleibt immer eine Zugewanderte."

Tagelöhnerinnen und Heimarbeiterinnen. Unabhängiger von der Arbeitgeberfamilie waren die Frauen, die sich als Tagelöhnerinnen verdingten. Die Form der Tagelohnarbeit ist vor allem aus dem ländlichen Raum bekannt; hier wurden zu Erntezeiten kurzfristig sehr viele Arbeitskräfte benötigt, deren Lohn nach der Anzahl der Arbeitstage berechnet wurde. Es gab diese Form des Arbeitsverhältnisses aber auch in der Stadt.

134 **Die große Wäsche.** Für viele Arbeiten waren langwierige Vorbereitungen nötig. Ein klassisches Beispiel dafür sind die **Waschtage.** So wurden die dem Waschen folgenden Tätigkeiten wie **Bügeln, Nähen** oder **Flicken** vielfach in Heimarbeit verrichtet, die vor allem auch für ältere Witwen oder für Frauen mit kleinen Kindern eine wichtige Erwerbsform darstellte. Häufig versuchten die Frauen, diese Arbeit möglichst im geheimen zu leisten, um ihre finanzielle Bedürftigkeit nach außen hin zu verbergen. Während die Berufsausübung für Männer immer auch Selbstverwirklichung und -bestätigung bedeutete, arbeiten Frauen auch in ihrer Selbstwahrnehmung meist aufgrund ökonomischer Notwendigkeit. Das Waschen war eine komplexe Angelegenheit und erforderte Erfahrung und Sachkenntnis. Es gab **mehrere Arbeitsgänge**. Zunächst wurde die Wäsche sortiert und **eingeweicht.** Danach mußte heiße **Aschenlauge draufgeschüttet** werden, und anschließend erfolgte der körperlich anstrengendste Teil: Jedes einzelne Wäschestück mußte händisch **gerieben und gebürstet** werden. Diese ersten drei Arbeitsgänge fanden in der, größeren Haushalten zugehörigen **Waschküche** statt, wo sich auch der **Sechtkessel**, ein eingemauerter Kessel mit darunterliegender Feuerstelle, befand. In kleineren Haushalten wurde die Küche vorübergehend zur Waschküche umfunktioniert. Der letzte Arbeitsgang fand meist im Freien statt, nämlich das „Schwenzen" der Wäsche in den „Ritschen", den Wasserkanälen entlang der Bozner Altstadtstraßen. Wäscherinnen mußten nicht nur die Arbeit beherrschen, sie mußten auch etwas vom Wetter verstehen, denn das

Waschküche in der Kapuzinergasse

Frauen waschen an der Ritsche in der Bozner Bindergasse.

Waschen zog sich meist über mehrere Tage hin, und schlechtes Wetter bedeutete die doppelte Arbeit oder unsaubere Wäsche. Der Tageslohn einer Wäscherin betrug um die Jahrhundertwende etwa einen Gulden. Manchmal stellten die Wäscherinnen ihrerseits jüngere Mädchen als Gehilfinnen ein. Die Frauen durften einen Teil ihrer Wäsche mitwaschen.

Waschen als derart arbeitsaufwendiges Unterfangen gehört keineswegs einer fernen Vergangenheit an. Frau Z., die seit ihrer Heirat 1948 mit dem Ehemann und den drei Töchtern in der Kapuzinergasse wohnt, hat 1967 ihre erste **Waschmaschine** bekommen. Bis dahin hat sie die gesamte Wäsche der Familie in der hauseigenen Waschküche auf dem Dachboden gewaschen. Sie erinnert sich: „Unter dem Dach waren zwei Waschküchen, je eine für acht Parteien, und an gewissen Tagen im Monat konnte man sie benutzen. Es waren immer zwei bis drei Tage hintereinander, aber manchmal hat man auch mit einer Nachbarin getauscht, oder man hat Tage geliehen oder auch verschenkt. Ich bin meist um vier Uhr früh hinaufgegangen, habe das Fenster zum Gang offengelassen, und wenn die Kinder um halb acht aufgewacht sind, habe ich sie durchs offene Fenster gehört und bin herunter. Die tägliche kleine Wäsche, Windeln und so, habe ich immer in der Wohnung gewaschen und aufgehängt. Früher hat man die Bettwäsche von einem halben Jahr zusammenkommen lassen, bevor man gewaschen hat. Man hatte ja viel Wäsche. Bevor eine geheiratet hat, mußte sie ja einen ganzen Kasten voll Wäsche haben."

Heiratsgeschichten

Die Ehe war und ist eine wesentliche gesellschaftliche Institution: Der Rahmen der privaten Entscheidungen ist zunächst rechtlich verankert, und außerdem gab es immer normative gesellschaftliche Diskurse über Sinn und Zweck, Aufgaben und Führung einer „guten Ehe".

In Bozen gibt es den ironisch gebrauchten Begriff der **„Bozner Blutwurst"**, mit dem auf die im 19. Jahrhundert häufige Verwandtschaft des Bozner Bürgertums untereinander angespielt wird. Wiederholt finden sich Hinweise darauf, daß Witwen von Kaufmännern – der tragenden Schicht des Bozner Bürgertums – zu den begehrten Heiratskandidatinnen zählten. Sie hatten Geschäftserfahrung, waren meist vermögend und verfügten oft über eine Handelslizenz, die man auch damals nur begrenzt vergab. Heiraten war auch in Bozen weniger eine Privatangelegenheit als vielmehr eine Frage öffentlicher und wirtschaftlicher Interessen.

Die Frauen wurden dabei kaum nach ihren Wünschen gefragt und hatten meist gar nicht die Möglichkeit, andere Lebensperspektiven als die einer Ehefrau zu entwickeln. Oft wurden sie schon im Kindesalter, wenn nicht verheiratet, so doch mit ihrem künftigen Ehemann verlobt. Die folgenden „Heiratsgeschichten" konkretisieren das Thema Ehe. In ihnen verbinden sich nicht zufällig historische Fakten und Fiktion.

Annette von Menz, die „Franzosenbraut". Die Geschichte der Annette von Menz spielt im Jahre 1811. Bozen war in dieser Zeit Teil des Napoleonischen Königreiches Italien. Die 15jährige Annette von Menz galt als die reichste Erbin Bozens. Ihr Vater, ein erfolgreicher Kaufmann, starb 1801, die Mutter, die eine beachtliche Mitgift mit in die Ehe gebracht hatte, 1811. In ihrem Testament schrieb sie: „Meine erste Sorge gehört dem Wohle meiner einzigen Tochter Anna Maria. Sie ist reich gesegnet mit Glücksgütern und besitzt hoffnungsvolle Anlagen. Man fahre fort, ihren Geist und ihr Herz so zu bilden, daß sie selbständig von ihrem Vermögen Gebrauch machen kann und, wenn es der Zufall wollte, auch mit Wenigem zufrieden und nützlich lebe ..." Die „Glücksgüter", von denen im Testament die Rede ist, waren: das heutige Palais Toggenburg, die Gerstburg, Kühpach in Haslach (heute Thun), die Schlösser Rafenstein, Sigmundskron, Haselburg, ein Haus in Maria Himmelfahrt am Ritten, das Palais Menz in der Mustergasse, ein weiteres herrschaftliches Haus am Obstplatz, einige Geschäftshäuser in der Stadt, viele Meierhöfe sowie Anteile an Handelsgesellschaften, besonders an Seidenspinnereien in Rovereto.

Da Annette, als sie Vollwaise wurde, noch unmündig war, wurde ihr nach Napoleonischem Gesetz neben dem eigentlichen Vormund ein sechsköpfiger Familienrat zugewiesen. Dabei ist nicht ohne Bedeutung, daß jeder dieser Herren relativ hohe Schulden beim Handelshaus Menz und somit bei dessen Erbin hatte und deshalb von der weiteren Entwicklung auch selbst betroffen war.

Das Bozner Bürgertum schätzte die fortschrittliche französische Verwaltung und Rechtssprechung und pflegte auch in kultureller Hinsicht eine gewisse Affinität zum „feinen" französischen Lebensstil. So war es kein Zufall, daß der jungen Mil-

Annette von Menz (1796–1869)

lionenerbin eine französische Gouvernante, Madame Nizole, zugewiesen wurde und ihr Name Anna in Annette abgewandelt wurde.

Oberst Gaston Baron de la Croix, ein Flügeladjutant am Hof des italienischen Vizekönigs in Mailand, war über den Bozner Stadtkommandanten Amorelli von der Existenz der reichen Erbin in Kenntnis gesetzt worden. Amorelli wohnte im selben Haus wie Annette und ihre Gouvernante, im Palais Toggenburg. Anfang September 1811 kam der Oberst mit einem Empfehlungsschreiben des Vizekönigs nach Bozen, um offiziell um Annette zu werben. Das Engagement des Hofes in Mailand für das Heiratsprojekt entsprach der Intention napoleoni-

scher Besatzungspolitik, Angehörige der französischen Führungsschicht mit einheimischen Eliten zu verbinden. Weit weniger wohlwollend stand der Familienrat den Heiratsabsichten gegenüber, da man die materiellen Interessen vieler Bozner Handelsherren gefährdet sah. Zunächst wurde Annette vom Familienrat vorgeladen, wo sie zum Entsetzen der Herren wissen ließ, daß sie der Vorstellung einer Heirat mit dem französischen Oberst durchaus positiv gegenüberstehe. Der Familienrat holte daraufhin ein ärztliches Gutachten über den Gesundheitszustand und die Ehefähigkeit des Mündels ein. Dieses fiel ganz nach Wunsch der Vormundschaft aus: Die drei amtierenden Stadtärzte befanden, daß Annette frühestens in drei bis vier Jahren die nötige physische Konstitution für eine Ehe erreicht haben würde. Letztendlich lastete der Familienrat die ganze Verantwortung für diese unliebsame Geschichte der französischen Gouvernante an. Madame Nizole wurde als Intrigantin und Verführerin hingestellt. Annette hingegen klagte in einem Brief an den Vizekönig über das tyrannische Vorgehen des Familienrates. Dieser verfügte über einen Bozner Staatsanwalt, daß Madame Nizole aus der gemeinsamen Wohnung mit Annette ausziehen mußte. Ihr wurde das untere Stockwerk des Hauses zugewiesen, wobei Wachen im Treppenhaus jeden Kontakt mit Annette verhindern sollten. Auch die Dienstboten des Hauses wurden zur Überwachung des Mädchens angehalten.
Die Vorgangsweise des Familienrates brüskierte den französischen Hof in Mailand. Daraufhin änderte der Familienrat seine Taktik und konzentrierte sich auf den bereits vierzigjährigen, verwitweten Oberst. Man entdeckte eine Geliebte in Mailand und erfuhr von seinem Ruf als oberflächlichem und streitsüchtigem Lebemann. Außerdem sei sein Gesicht von Pockennarben entstellt, was sein Barbier allmorgendlich unter einer Schminkschicht zu verdecken habe.
Diese Strategie brachte den gewünschten Erfolg: Madame Nizole erklärte Ende Oktober 1811 ihren Auszug aus dem Hause Menz, um „ihrer ehemaligen Schülerin damit volle

 Bewegungsfreiheit einzuräumen", und auch Oberst de la Croix verließ Bozen. Die Mitglieder des Familienrates wurden vor den Staatsanwalt geladen und mit dem Vorwurf konfrontiert, an der Person von de la Croix Angehörige der Besatzungsmacht beleidigt zu haben. Im folgenden Prozeß wurden alle Angeklagten freigesprochen.

Annette von Menz heiratete 1816 Karl von Panzoldi aus Rovereto, wurde aber schon nach wenigen Monaten Witwe. 1819 schloß sie 25jährig eine zweite Ehe mit dem Grafen Johann Ludwig von Sarnthein, Herrn zu Rottenpuch, Kellerburg und Kränzelstein. Aus dieser Verbindung stammen vier Töchter und drei Söhne. Als Gräfin von Sarnthein wurde Anna zu einer bekannten Frau in der Bozner Gesellschaft, die sich als öffentliche Wohltäterin einen Namen machte. Die ehemalige „Franzosenbraut" starb 1869 in ihrem Haus auf dem Ritten.

Diese Geschichte zirkuliert in vielen Varianten und mit allerlei Ausschmückungen; die Unterschiede liegen im Erzählstil. Alle klammern jedoch die Perspektive der beteiligten Frauen aus. Das Bild der verführbaren Frau taucht hingegen immer wieder auf, wobei die Verführbarkeit im Fall Annettes meist auf deren Jugend und Naivität zurückgeführt wird. Die Urheberschaft der Verführung wurde zumeist der französischen Gouvernante zugeschrieben, was dem patriarchalen und nationalen Weltbild der Tiroler vollends entsprochen haben mag.

Leopoldine Josefa Hoffmann, die nicht standesgemäße Opernsängerin. Erzherzog Heinrich war der fünfte Sohn von Erzherzog Rainer und Erzherzogin Elisabeth von Österreich. Der Sohn Heinrich (geb. 1828) durchlief die übliche militärische Laufbahn und übernahm 1864 als Feldmarschall das Garnisonskommando in Graz. Dort lernte er Leopoldine kennen. Sie war 1842 als Tochter eines Gerichtsbeamten in Krems geboren und in jenen Jahren Sängerin am Operntheater in Graz. Da die Verbindung nicht standesgemäß war, suchte man im Umkreis Heinrichs eine Heirat mit allen

Baronin Leopoldine von Waideck (1842–1891)

Mitteln zu verhindern. Allerdings ohne Erfolg. 1866 nahm Heinrich Abschied vom aktiven Dienst, und auch Leopoldine kündigte ihr Engagement am Grazer Theater. Das Paar übersiedelte nach Bozen, wo es am 4. Februar 1868 in der Kapelle des erzherzoglichen Palais im kleinen Kreis geheim heiratete. Die Nachricht von dieser Eheschließung veranlaßte den Kaiser zu Sanktionen gegen Heinrich, der seine Güter, den militärischen Rang und alle seine Ehrentitel verlor; allerdings wurden ihm noch 40.000 Gulden als jährliche Apanage bewilligt. Eine gerichtliche Untersuchung gegen die an der Trauungszeremonie beteiligten Personen wurde bald eingestellt, da man zuviel öffentliches Aufsehen verhindern wollte. Leopoldine und Heinrich verließen Bozen und siedelten sich in Luzern in der Schweiz an. Allerdings zeigte sich der Kaiser vier Jahre später durch die Geburt der Tochter Maria Raineria offenbar versöhnlich, denn Heinrich wurde bald darauf wieder in Rang und Ehren gesetzt und kehrte als anerkannter Würdenträger nach Bozen zurück. Im selben Jahr, 1872, erhob eine kaiserliche Verfügung Leopoldine in den Adelsstand, und 1878 erhielt sie durch Standeserhöhung den Titel einer Baronin. Als Baronin von Waideck spielte sie dann, ebenso wie Annette von Menz als Gräfin von Sarnthein, wiederholt als öffentliche städtische Wohltäterin eine Rolle. Sie war Präsidentin des Zweigvereins des Roten Kreuzes und des patriotischen Frauenvereins.

Bei einem ihrer seltenen Wienbesuche erkrankten Leopoldine und Heinrich 1891 an einer Lungenentzündung. Sie starben beide in derselben Nacht. Ein ungewöhnliches Ende für eine etwas ungewöhnliche Liebes- und Ehegeschichte.

Das Ehepaar wurde in der Krypta der Bozner Pfarrkirche neben dem Erzherzogpaar Rainer und Elisabeth begraben.

Hildegard Ruh oder das Glück liegt in der Ehe.

Den Beispielen aus dem Großbürgertum (Annette von Menz) und dem Adel (Leopoldine Baronin von Waideck) folgt nun eine Heiratsgeschichte aus dem bürgerlichen Mittelstand. Historische Quellen lassen sich diesbezüglich kaum finden, dafür gibt es eine ganze Reihe literarischer Vorlagen.

Der Roman „Hildegard Ruhs Haus" (1910) stellt die Ehe als einzige Perspektive für bürgerliche Mädchen dar, wobei andererseits deutlich wird, daß es unter Umständen gar nicht so leicht war, das Lebensziel „Ehefrau und Mutter sein" auch tatsächlich zu erreichen.

Der Autor des Romans Hans von Hoffensthal (Pseudonym von Hans Hepperger) wurde 1877 in Himmelfahrt am Ritten geboren, studierte Medizin und übte seinen Beruf als Neurologe in Bozen aus. Seine Novellen und Romane kreisen vorwiegend um das Thema Beziehungen zwischen Mann und Frau in

Titelbild des 1910 erschienenen Romans „Hildegard Ruhs Haus" (Holzschnitt von Carl Moser)

den verschiedenen sozialen Milieus, vornehmlich aber dem Bürgertum. Hans von Hoffensthal starb 1914 in Bozen.

Der Roman „Hildegard Ruhs Haus" ist die Geschichte einer Bozner Bürgerfamilie: Der Vater, ein Lederhändler, hat es durch Tüchtigkeit und Sparsamkeit zu bescheidenem Wohlstand gebracht; die Mutter ist Hausfrau; die drei Töchter helfen im Haushalt mit und warten auf ihre Verheiratung. Bei den zwei Jüngeren stellen sich auch plangemäß die Bewerber ein, nur die Älteste, Hildegard, weniger hübsch als ihre Schwestern, bleibt allein. Ihr Vater sieht sich deshalb veranlaßt, Hildegard zur Erbin des Laubenhauses zu machen, damit sie versorgt ist. Diese Erbschaft macht Hildegard gleich attraktiver. Zwei Tage nach der Hochzeit der zweiten Schwester hält ein Prokurist um Hildegards Hand an. Worum es diesem Mann wirklich gegangen ist, zeigt sich, nachdem ein Brand das Haus und damit den ganzen Besitz Hildegards zerstört hat.

„Er hatte sich mit Hildegard verlobt, zwei Tage nach der Hochzeit ihrer Schwester. Was ihn dazu veranlaßt hatte, war eindeutig klar: die schöne Mitgift, die sie in die Ehe bringen würde und die es ihm nach so vielen Jahren in einer untergeordneten Stellung endlich ermöglichen sollte, sich selbständig zu machen."

Nach dem Brand gerät der Prokurist in einen schweren Gewissenskonflikt, da er geringe Lust verspürt, das Eheversprechen einzulösen. Schließlich ringt er sich aber doch dazu durch, zum Erstaunen Hildegards. Hildegard stirbt aber an den Folgen der Verletzungen, die sie sich beim Brand zugezogen hat.

Gegen Ende des Romans versteigt sich der Autor zu nahezu philosophischen Betrachtungen über jene Frauen, denen das „Eheglück" und damit ihre „natürliche Bestimmung" zeitlebens versagt bleibt: „Ein Hoch den Kümmerlichen, den verblühenden Mädchen ein Hoch. Man muß sie loben. Sie haben ihre Zeit gehabt, aber nicht genossen. Nun stehen sie mit gekniffenen Lippen, Falten um die Augen und welken. (...)

Sie hätten Herzen gehabt, übervolle Herzen zum Verschenken. Keiner nahm sie. Sie hätten Zärtlichkeiten zu geben gewußt, lächelnd und voller Süße. Niemand bat sie darum, kein einziger wollte es annehmen."

Die Ausschließlichkeit der Eheperspektive galt nur für Frauen. Männer hatten ihren Beruf und waren auch zur Befriedigung ihrer sexuellen Bedürfnisse nicht auf eine Heirat angewiesen. Der Autor des besprochenen Romans gefällt sich selber in der Rolle des Frauenhelden und kokettiert in einem Brief an einen Freund mit diesem Ruf: „Mein Renommee ist nun gänzlich zerstört, da die Bozner Altweiber wieder scheußlich über mich gesprochen haben. Vor ein paar Tagen war eine junge Frau bei mir, die mir direkt erzählte, man hätte sie vor mir gewarnt. Wenn die Weiber, die mir so bös nachreden, nur wüßten, daß sie mir dadurch nur Erfolge verschaffen. Je gefährlicher die Höhlen sind, desto lieber gehen die Frauen und Kinder hinein, um das Gruseln zu lernen. Ach kämen nur recht viele."

Besitz und Sittlichkeit – der Ehekonsens. 1820 wurde in Tirol der „Ehekonsens" wieder eingeführt und blieb bis zum Ende des Ersten Weltkrieges in Kraft. Schon im Mittelalter war für eine Heirat die Erlaubnis des Grundherrn notwendig gewesen. Im Zuge der Französischen Revolution setzte sich die Auffassung durch, daß die Ehe ein für alle Menschen gleichermaßen geltendes Naturrecht sei. Nach dem Wiener Kongreß, im Zeitalter der Restauration, wurde dieses Recht aber wieder beschnitten und der politische Ehekonsens eingeführt.
So war es also vor einer Heirat notwendig, diesen bei der zuständigen Gemeinde einzuholen. Der **Vermögensstand** und die Beurteilung des **sittlichen Lebenswandels** der AntragstellerInnen waren die wesentlichen Kriterien, nach denen ein Ehegesuch von der Behörde bewilligt oder abgelehnt wurde. Mit dieser Maßnahme sollte vor allem das Anwachsen der besitzlosen Bevölkerungsschichten unter Kontrolle gehalten werden.
Das Eheansuchen stellte in der Regel der Mann. War es die Frau, so handelte es sich dabei häufig um eine Witwe, also um eine ältere und erfahrenere Frau, die auch über ein eigenes Vermögen verfügte.
In den Gesuchen werden die vielen pragmatischen Gründe für eine Eheschließung meist sehr deutlich zum Ausdruck gebracht. Das Gesuch des **Anton Larcher**, das er 1908 an die Stadt Bozen stellte, vermittelt einen Eindruck von den Motiven einer Verheiratung im 19. Jahrhundert.
„Löblicher Stadtmagistrat (...) Durch die angestrebte Ehe würde mir in jeder Beziehung materieller Vorteil erwachsen. Meine genannte Braut ist eine geschickte Damenkleidermacherin und gedenkt nach ihrer Verehelichung dieses Gewerbe selbständig auszuüben. Sie besitzt einige Ersparnisse, vollstän-

dige Ausstattung und hat von ihren Angehörigen auch Zuschuß zu gewärtigen. Ich bin gegenwärtig als Hilfsarbeiter in der hiesigen Stationskanzlei in Verwendung und habe Aussicht auf Definitivstellung. Ebenso erhalte ich auch mit der Ausführung von Privatarbeiten einen guten Nebenverdienst. Alle diese Umstände zusammengenommen stellen unsere materielle Lage als gesichert dar."

Diese vernünftige Argumentation leuchtete auch der Gemeindebehörde ein, die das Gesuch anstandslos genehmigte. Dem Ansuchen um Ehebewilligung mußte ein **Sittenzeugnis**, ausgestellt vom zuständigen Pfarramt, beigefügt werden.

Im Falle eines **negativen Bescheides** hatten die Betroffenen **Rekursrecht** bei der höhergestellten Behörde. Rekurs einzureichen war durchaus erfolgversprechend, da in der Regel die höheren Behörden in der Erteilung des Ehekonsenses sehr freigebig waren, zumal sie ja nicht unmittelbar davon betroffen waren. Die zuständige Gemeinde konnte jedoch ihrerseits wiederum gegen eine so erteilte Ehegenehmigung Einspruch erheben.

Der Ehekonsens war als **Instrument der sozialen Kontrolle** sehr wirksam, da sich ihm niemand entziehen konnte. Jede Heirat war von sozialen und politischen Normen und Ordnungsvorstellungen bestimmt. Dies trifft auch für die Gegenwart zu, allerdings mit dem Unterschied, daß die Ehe im 19. Jahrhundert stärker reglementiert war, und dieser Umstand auch öffentlich verhandelt und deutlich ausgesprochen wurde.

„Hinter jedem erfolgreichen Mann steht eine Frau"

Die Frauen um Joseph Streiter

Allzuoft verstellt der Mann den Blick auf die Frau hinter ihm. Das zeigt sich auch am Beispiel der Familie Streiter. Joseph

Streiter war von 1861 bis 1870 Bürgermeister der Stadt Bozen; nach ihm ist heute noch eine Straße benannt. Nur wenige wissen, wer Joseph Streiter war, und noch unbekannter sind seine Familienverhältnisse. Die Lebenswege seiner drei Söhne sind relativ gut rekonstruierbar, während bei den Biographien seiner Mutter, seiner Ehefrauen und seiner drei Töchter viele Fragen offenbleiben.

Die Mutter: Aloisia von Tschiderer. Sie wurde 1767 geboren und stammte aus der alteingesessenen Bürgerfamilie der von Tschiderer. Als sie 1803 den kaufmännischen Angestellten Bernhard Dominikus Streiter heiratete, war sie bereits 36 Jahre alt. Für den 48jährigen Bernhard Dominikus war es die zweite Ehe. Seine erste Frau, Maria

Aloisia von Tschiderer (1767–1829), Mutter des ehemaligen Bozner Bürgermeisters Dr. Joseph Streiter

von Kager, war 1797 gestorben. Der 1804 geborene Sohn Joseph blieb das einzige Kind, was sich aus dem relativ hohen Heiratsalter des Paares erklärt. Bernhard Streiter starb bereits fünf Jahre später, und ab diesem Zeitpunkt oblag Aloisia von Tschiderer sowohl die Erziehung des Sohnes als auch die Verwaltung des Vermögens in alleiniger Verantwortung. Aloisia von Tschiderer wurde bei ihren Entscheidungen zwar von Männern aus ihrer Verwandtschaft und Vertretern der Lokalkirche beraten; ihr Bruder **Johann Nepomuk von Tschiderer** war der Fürstbischof von Trient. Aus den Briefen an ihren Sohn, der später Rechtswissenschaft in Innsbruck studierte, sowie aus ihrer recht genauen Führung der Haushalts- und Rechnungsbücher läßt sich jedoch schließen, daß die Witwe ihren Aufgaben durchaus gewachsen war.
Als die Mutter Aloisia 1829 starb, wurde der Sohn bereits seit zwei Jahren von seiner ersten Ehefrau versorgt.

Die erste Ehefrau: Johanna Holer. Sie wurde 1802 in Reutte geboren. Joseph Streiter lernte sie als Student in Innsbruck kennen, da er durch die Vermittlung eines Freundes öfters im Hause der Holer zu Gast war. Der Vater Johannas war Arzt, so daß die gesellschaftliche Stellung der Familie Streiter und jene der Familie Holer ebenbürtig waren. Trotzdem informierte der Student seine Mutter lange nicht über seine Beziehung zu Johanna. Erst im Juli 1827 eröffnete er ihr brieflich seine Heiratabsichten.
Das Schreiben ist sehr aufschlußreich, zumal Streiter auf die erforderlichen Qualitäten der zukünftigen Ehefrau konkret einging.
„(...) Denken Sie nicht, daß ich mich (...) durch das Herz zu meinem Nachtheile bei der Wahl leiten ließ. (...) hatte Gelegenheit genug, das Gemüt und die rechtschaffenen Gesinnungen des Mädchens kennen zu lernen, und bin (...) überzeugt, daß sie wahre Religion und Tugend besitzt. Die Eltern sind sehr christlich, sie selbst ist auf dem Lande auferzogen,

und erst seit 5 Jahren in der Stadt, ist sehr gesetzt, hält gebührender Maßen auf Anstand und Ehre, und hat – was mich unter anderen Dingen nicht am mindesten anzieht – einen **fast männlichen Verstand**."

Die im Oktober 1827 geschlossene Ehe zwischen Joseph und Johanna ist auf jeden Fall in einigen Punkten „moderner" als die seiner Mutter: Das Heiratsalter war deutlich niedriger, der Altersunterschied geringer, und vor allem wurden Liebe und intellektuelle Harmonie als Voraussetzung einer Verbindung deutlich betont. Johanna fand in den folgenden Jahren kaum Gelegenheit, ihren literarischen und musischen Neigungen nachzugehen: Innerhalb von neun Jahren brachte sie sechs Kinder zur Welt (Antonie 1828, Wilhelm 1829, Angelika 1830, Aurelia 1832, Friedrich 1833, Oswald 1837). Wohl auch aufgrund dieser körperlichen Belastung starb Johanna bereits 1837 im Alter von 35 Jahren.

Die Betreuung der Kinder lag von da an in den Händen von Anna von Kapeller, einer Jugendfreundin der Verstorbenen. Der verwitwete Joseph Streiter bemühte sich um eine Wiederverehelichung und interessierte sich zunächst für Julie von Gartenberg, die als Gast auf Schloß Trostburg war und ihm von seinem Freund Beda Weber vorgestellt worden war. Allerdings war der bürgerliche Rechtsanwalt kein vollkommen standesgemäßer Partner für die adelige Frau, und auch seine sechs Kinder, immerhin bereits in einem Alter von 6 bis 14 Jahren, waren ein Hindernis für eine Verbindung. Die Verlobung wurde schließlich von Streiter wieder gelöst. Er gab dafür „Gründe der Vernunft" an, nachdem sich die Verlobte geweigert hatte, die Betreuung der Kinder nach der Hochzeit in den Händen von Anna von Kapeller zu belassen.

Die zweite Ehefrau: Anna von Kapeller.

Streiter folgte der Vernunft und heiratete im Jahre 1845 Anna Kapeller, die bis dahin in seinen Diensten gestanden war. Man kann hier zweifellos von einer Vernunftehe sprechen: Die Kinder waren mit Anna vertraut, was Kontinuität in der Familie bedeutete. Das wesentliche Indiz, das gegen eine reine Liebesheirat spricht, ist jedoch, daß sich Joseph Streiter in der Vergangenheit öfters brieflich in einem ziemlich herablassenden Ton über Anna von Kapeller geäußert hatte. Andererseits erkannte er aber ihre Qualitäten als Verwalterin des Hauses und Versorgerin der Kinder an und war sich seiner Abhängigkeit von ihr wohl auch bewußt.

Die Töchter: Antonie (*1828), Angelika (*1830), Aurellia (*1832). Joseph Streiter hatte zwar seinerzeit den „fast männlichen Verstand" seiner ersten Ehefrau gerühmt, gleichwohl weist der Lebens- und Bildungsweg seiner Töchter eklatante Unterschiede zu dem seiner Söhne auf. Die Söhne wurden durch einen Hauslehrer auf den Besuch des Gymnasiums vorbereitet, in das man ab zehn Jahren nach Ablegung einer Prüfung aufgenommen wurde. Die Töchter wurden zwar in diesen **Privatunterricht** im Hause eingeschlossen und anschließend für einige Jahre in das renommierte **Mädcheninternat** der Englischen Fräulein in Schloß Nymphenburg bei München geschickt. Die Jahre nach der Schulzeit bis zur Verheiratung verbrachten sie jedoch weitgehend zu Hause, während die Brüder ihnen aus den verschiedenen Orten, in denen sie sich im Zuge ihrer weiterführenden Ausbildung aufhielten, Briefe schrieben. Der älteste Sohn Wilhelm, der zunächst die Militärlaufbahn einschlug und schließlich eine Beamtenkarriere verfolgte, hielt sich in Innsbruck, Leipzig und Prag auf, Friedrich besuchte die Kadettenschule in Graz, studierte dann Philologie und Rechtswissenschaft in München, Ungarn und Berlin und wurde schließlich Direktor der Gasfabrik in Bozen. Der jüngste Sohn Oswald machte nach dem Besuch des Gymnasiums in München eine Gärtnerlehre in Frankfurt, um anschließend das familieneigene Gut **Unterpayersberg** zu bewirtschaften.

Der Streiterbogen in Bozen Dorf, Oswaldweg

Die ungleich höhere Aufmerksamkeit, die in bürgerlichen Familien der Ausbildung und dem Lebensweg der Söhne im Vergleich zu jenen der Töchter zuteil wurde, spiegelt sich im Nachlaß Streiters deutlich wider: „Während die Aufzeichnungen über die Buben und der Briefverkehr mit Wilhelm, Friedrich und Oswald sehr umfangreich sind und aus ihnen viele biographische Einzelheiten hervorgehen, läßt sich der schulische und persönliche Werdegang der Töchter allenfalls in groben Zügen charakterisieren."

Einzig die zweite Tochter Angelika scheint ansatzweise aus einem traditionell vorgezeichneten Lebensweg ausgebrochen zu sein. Nachdem sie ihre Beziehung mit dem protestantischen Hauslehrer der Streiters, Georg Martin Thomas, nach dem Willen des Vaters gelöst hatte, heiratete sie 1859 den russischen Edelmann Friedrich von Wilke. Auch dieser war Protestant, und nachdem sich Joseph Streiter vergeblich um einen kirchlichen Dispens zu dieser Eheschließung bemüht hatte, wechselte Angelika die Staatsbürgerschaft und wurde zur russischen „Unterthanin". Unmittelbar nach dem Tod ihres Mannes 1866 zog sie nach München und heiratete ohne das Wissen ihres Vaters einen gewissen Albert Jele, mit dem sie später auch einen Sohn hatte.

Insgesamt ist aber über den Lebensweg der Streitertöchter recht wenig bekannt. Mehr noch als die Mutter und die Ehefrauen Joseph Streiters verschwanden sie offensichtlich im Schatten der vor ihnen stehenden Männer.

7

Bildung

Erziehung zur Hausfrau und Mutter

Die Anfänge der Mädchenbildung in Bozen

Mädchen hatten weitaus geringere Chancen auf schulische Bildung als Knaben: Sie erhielten historisch gesehen später, in geringerem Ausmaß und nur im Rahmen eines geschlechtsspezifisch begrenzten Fächerangebots Zugang zu den städtischen Bildungseinrichtungen.

Ab Beginn des 13. Jahrhunderts werden in Bozen Schulmeister erwähnt, die allerdings nur Knaben unterrichteten. Die **Tiroler Schulordnung** aus dem Jahr 1586 legte die Basis für die kirchliche Kontrolle der Schulausbildung, die in Tirol bis weit ins 19. Jahrhundert wirksam blieb. Sie sah den **Volksschulunterricht für Mädchen und Buben** gleichermaßen vor. Es bestand aber keine Schulpflicht, so daß viele Mädchen nicht in den Unterricht geschickt wurden, auch um das Schulgeld zu sparen. Neben der allgemeinen Volksschule gab es die Möglichkeit des privaten Unterrichtes durch geistliche oder weltliche Lehrerinnen. In Bozen brachte **Sara Phlacherin** in ihrer Nähschule den Mädchen nebenbei auch Lesen und Schreiben bei – trotz des zunächst vergeblichen Einspruchs der deutschen Schulmeister. 1589 zog Sara von Bozen fort, und die Frau eines gewissen Jakob Jäger übernahm ihre Stelle. 1667 unterband der Stadtrat den Privatunterricht mit dem Argument, es sei verboten, „Mädchen in die Lehrung aufzunehmen, weil diese den Schulmeisterinnen angehörig" seien.

Lesende junge Frau: Martha Weber, 1904

Mit der **Theresianischen Schulordnung** von 1774 wurde die **allgemeine Schulpflicht** vom 6. bis zum 12. Lebensjahr eingeführt, die, soweit möglich, eigene Schulen für Mädchen,

Schülerinnen vor dem alten Mädchenschulhaus der Tertiarinnen in der Franziskanergasse 10 im Jahr 1905

in jedem Fall aber eine räumliche Trennung zwischen Mädchen und Buben in der Klasse vorsieht. Der Mädchenunterricht wurde in Tirol fast durchwegs von Angehörigen der weiblichen Schulorden erteilt, in Bozen waren vor allem die Tertiarschwestern damit betraut.

Der Beginn der Lehrtätigkeit der **Tertiarinnen** in Bozen fällt in das Jahr 1712, als sie in der **Franziskanergasse** eine Mädchenschule eröffneten. Ihre Unterrichtstätigkeit, die von der Bevölkerung Bozens positiv aufgenommen wurde, stieß auf den vehementen Widerspruch der örtlichen Schulmeister, die um ihre Bezüge fürchteten. Zu dieser Zeit bekamen die LehrerInnen nämlich kein festes Gehalt, ihr Einkommen war unmittelbar vom Schulgeld und damit von der Anzahl der SchülerInnen abhängig. Die Tertiarinnen hatten ihre Schule vor allem für „arme Mädchen" gegründet und hoben nur geringe Gebühren ein. Da die Qualität des schulischen Angebots aber auch zahlungsfähige Eltern überzeugte, glaubten die Stadtschulmeister sich gegen die Konkurrenz der Tertiarinnen wehren zu müssen. Der Konflikt, in den sich sowohl der Stadtrat als auch der Fürstbischof von Trient einschalteten, zog sich über mehrere Monate hin. Im Oktober 1714 wurden die Schwestern zum erstenmal vom Rat vorgeladen und befragt. Im Jänner 1716 beschlossen die Ratsherren, künftig Mädchen und Knaben in der Schule zu trennen, und im Oktober desselben Jahres erhielten die Schwestern schließlich die Unterrichtsgenehmigung seitens des Stadtmagistrats, allerdings mit der Beschränkung, keine Mädchen von außerhalb des Stadt- und Landgerichtes Gries und Bozen aufzunehmen.

An der Stelle des heutigen Hotel Città am Waltherplatz wurde 1876 eine Mädchenschule eingerichtet

Im Jahr 1781 waren in Bozen 526 Kinder als schulpflichtig gemeldet. Die 270 Buben wurden von zwei Schulmeistern unterrichtet, während die Tertiarinnen die 256 Mädchen ausbildeten. Ab 1794 erhielten die Schulschwestern ein Gehalt von der Stadt. Ihr Erfolg zeigte sich in der ständig wachsenden Schülerinnenzahl und an dem Umstand, daß umliegende Gemeinden die Tertiarinnen aufforderten, auch dort den Unterricht zu übernehmen. Aufgrund der ständig wachsenden Schülerinnenzahl übersiedelte die Mädchenschule 1876 von der Franziskanergasse in das heutige **Hotel Città** in der **Silbergasse.** 157

Die Lehrerinnen

Da bis 1850 keine öffentlichen Einrichtungen für die Lehrerinnenausbildung vorgesehen waren, mußten sich die Frauen autodidaktisch auf den Beruf vorbereiten und eine öffentliche Befähigungsprüfung ablegen. Im September 1854 richteten die Tertiarinnen an der Bozner Mädchenschule einen pädagogischen Kurs für zukünftige Lehrerinnen ein. Die liberalen **Reichsschulgesetze** (1868 Schulaufsichtsgesetz, 1869 Reichsvolksschulgesetz) zielten im Sinne des politischen Liberalismus auf eine Trennung von Kirche und Staat und auf die Auflösung des kirchlichen Bildungsmonopols; auch die **konfessionelle**

Lehrerinnenausbildung sollte abgeschafft werden.
In Bozen kamen die Gesetze vorerst nicht zur Anwendung, da sich der klerikal-konservativ dominierte Tiroler Landtag im sogenannten **„Kulturkampf"** weigerte, die entsprechenden Landesgesetze zu erlassen. Die Tertiarschwestern konnten aber, wie die übrigen mit der Lehrerinnenausbildung betrauten Klosterschwestern (so die Ursulinen in Innsbruck, die Barmherzigen Schwestern in Innsbruck und Zams, die Tertiarschwestern in Hall und die Englischen Fräulein in Meran), mit den öffentlichen Anstalten in Innsbruck und Trient nicht Schritt halten, so daß sie ihre Kurse nach einigen Jahren aufließen und die Kandidatinnen dorthin schickten.
Erst im Jahr 1892 kam es zwischen Reichs- und Tiroler Landesregierung zu einem **Kompromiß** im Schulstreit und zum Erlaß der entsprechenden Landesgesetze. Diese regelten auch die Bezahlung der Lehrerinnen und Lehrer. Es gab drei Gehaltsklassen, die je nach Größe des Ortes, in dem sich die Schule befand, zwischen 300 und 500 Gulden (fl.) lagen. Das Gehalt der Lehrerinnen lag dabei um mindestens 100 fl. unter dem ihrer männlichen Kollegen. Außerdem galt für Lehrerinnen in Form der **„Zölibatsklausel"** ein striktes Heiratsverbot, von dem nur Handarbeitslehrerinnen ausgenommen waren. In Tirol und Vorarlberg bestand diese Verordnung bis 1938; in Südtirol fiel sie mit dem Anschluß an Italien.

Mädchenschulklasse in der heutigen Goetheschule im Jahr 1962

Mädchenbildung im 19. und 20. Jahrhundert

In der zweiten Hälfte des 19. Jahrhunderts wurden neue Akzente in der Mädchenbildung gesetzt. Das Reichsvolksschulgesetz von 1869 hatte die **Pflichtschule** vereinheitlicht. Es gab nun die **allgemeine Volksschule** und die **Bürgerschule**. Letztere schloß an die ersten fünf Volksschulklassen an, mit dem Ziel, jenen, die keine höhere Schule besuchen konnten, „eine

über das Lehrziel der allgemeinen Volksschule hinausreichende Bildung zu gewähren" (RVG). Die Bürgerschule war also unter den damaligen Verhältnissen gerade für Mädchen von großer Bedeutung, bot sie für sie doch die einzige Möglichkeit, die Schulbildung über die fünf Volksschuljahre hinaus fortzusetzen. Um 1910 waren vier von den insgesamt neun Volks- und Bürgerschulen der Stadt Bozen Mädchenschulen. In den Gemeinden Gries und Zwölfmalgreien gab es auch noch gemischte Klassen.

Die Kaiser-Franz-Josef-Schule am Marienplatz.

Die Eröffnung der städtischen Mädchenschule am Marienplatz im Jahre 1908 war von der Stadt Bozen als Meilenstein der Modernisierung gefeiert worden. Bürgermeister Perathoner wies in seiner Festrede ganz besonders auf die baulichen Neuerungen hing. Nicht nur in architektonischer, auch in bildungspolitischer Hinsicht setzte die neue Mädchenschule Akzente. Der Unterricht wurde nicht mehr von Nonnen, son-

*Die Leitung der Kaiser-Franz-Josef-Schule übernahm **Emma von Leurs**. Sie war am 11. August 1877 in Bozen geboren worden und stammte aus einer angesehenen Familie des Bildungsbürgertums. Sie besuchte die Schule in Innsbruck und das renommierte Mädcheninternat der Englischen Fräulein in Schloß Nymphenburg bei München, legte die Fachprüfung in Deutsch, Geschichte und Geographie ab und arbeitete dann als Bürgerschullehrerin in Marburg. Als **erste weibliche Direktorin** im Land führte sie die Schule nach damals modernen pädagogischen Grundsätzen. Sie war auch außerhalb des unmittelbaren Schulbereiches initiativ. Vor dem Ersten Weltkrieg richtete sie **Schulausspeisungen** für bedürftige Kinder ein und organisierte **Ferienkolonien** z.B. in Oberinn und Jenesien. Ihre politische Zugehörigkeit zum deutschnational-liberalen Lager prägte ihre Aktivitäten. So gründete sie während des Ersten Weltkrieges mit den älteren Schülerinnen die „**Kleine Hilfsarmee**“, die die Betreuung der durchfahrenden Soldaten am Bahnhof übernahm. Diese kleinen, weiblichen „Soldaten“ fertigten Handarbeiten und Scharpie (als Verbandsmaterial verwendete, in*

Höhere Töchterschulen. In Bozen ist erstmals für das Jahr 1868 die Existenz einer höheren Töchterschule erwähnt, die **Amalie** und **Mathilde Perkhamer** führten. Seit dem Schuljahr 1900/1901 gab es eine zunächst drei-, später vierjährige städtische höhere Töchterschule in der **Sparkassenstraße**. Die höheren Töchterschulen waren freie Unternehmen auf der Basis staatlicher Konzessionsregelungen und blieben als Bildungsinstitutionen im deutschsprachigen Raum während des gesamten 19. Jahrhunderts sehr beliebt. Es handelte sich um Standesschulen für Mädchen aus höheren Gesellschaftsschichten, die aber nicht jene „höhere" Bildung vermittelten, die zum Universitätsstudium befähigt hätte. So gab es das Fach Französisch im Lehrplan, weil dies als Bestandteil der „feinen Lebensart" galt, nicht aber den Unterricht in klassischen Sprachen, die zum Lehrplan der Gymnasien gehörten.

Neben den traditionellen Fächern wie Religion, Erziehungslehre, Schönschreiben und Handarbeit waren auch relativ viele Stunden für Mathematik, Naturgeschichte und Naturlehre vor-

Liste der von 192 Schülerinnen angefertigten Handarbeiten: 850 Paar neue und 76 Paar ausgebesserte Strümpfe, 52 Hemden, 26 gestrickte Spenser, wovon 6 färbige, 89 Paar Handschuhe, 89 Schärpen, 108 Tüchlein, 18 Schürzen, 12 Straminstreifen

(Jahresbericht 1873/74 der städtischen Mädchenvolksschule)

Streifen gerissene Leinwand) an, und stellten sich mit anderen, ähnlichen Arbeiten „in den patriotischen Dienst des Vaterlandes". Infolge der faschistischen Machtergreifung und der Italianisierung des Schulwesens in Südtirol wurde Emma von Leurs 1923 ***des Landes verwiesen****. Sie unterrichtete zunächst als Dorfschullehrerin im Unterinntal, später als Bürgerschullehrerin in Kitzbühel. Zudem beteiligte sie sich vom Ausland aus an der Organisation des illegalen Deutschunterrichtes in Südtirol unter Kanonikus Gamper, indem sie z.B. Ausbildungskurse in München mitorganisierte. Am 21. Juni 1960 starb Emma von Leurs in Hall in Tirol.*

Emma von Leurs

Emma von Leurs (1877–1960), erste Direktorin der Kaiser-Franz-Josef-Schule für Mädchen auf dem Marienplatz

gesehen. Außerdem wurde den Mädchen neben dem deutschen und italienischen Sprachunterricht auch Englisch und Französisch angeboten. Zu den Wahlfächern zählten Turnen und Stenographie.

Über die Ziele der Schule gibt das Programm folgende Auskunft: Sie „hat die Aufgabe, ihren Schülerinnen einen über den Kreis der Volks- und Bürgerschule hinausreichenden Unterricht zu vermitteln und jene höhere allgemeine Bildung des Geistes und des Gemüthes zu geben, welche dieselben einerseits befähigt, dereinst einem Hauswesen als **tüchtige Hausfrauen** vorzustehen und **gute Erzieherinnen** der kommenden Generation zu werden, andererseits es ihnen zu ermöglichen, durch selbständige Arbeit oder fortgesetzte Studien an den für Mädchen bestehenden noch höheren Lehranstalten oder Fachcursen mit sicherem Erfolge sich einem jener Berufszweige zuzuwenden, welche heute dem weiblichen Geschlechte bereits offenstehen".

In diesen Zeilen tritt die **Ambivalenz höherer Mädchenbildung** zutage. Die Bildungs- und Zukunftsperspektiven für

Mädchen erscheinen weitgehend offen und ungesichert, zielte die Ausbildung doch sowohl auf Qualifikation für die Arbeit in Familie und Haushalt als auch für außerhäusliche Erwerbsarbeit, etwa als Gouvernante oder Erzieherin. Die Nachfrage an solchen Schulen war begrenzt, da neben einer Einschreibgebühr von 10 Kronen auch noch 60 Kronen Schulgeld zu entrichten waren. Für Kandidatinnen, die nicht in Tirol heimatberechtigt waren, waren es sogar 100 Kronen, wobei auch ganze und halbe Freiplätze für bedürftige Mädchen vorgesehen waren. Aufgenommen wurden Schülerinnen, die das 13. Lebensjahr vollendet hatten.

Die Schule bestand in Bozen bis nach dem Ersten Weltkrieg. In den letzten Jahren wurde ein fünftes Jahr, ein Ergänzungsjahr eingeführt, das den Mädchen die Matura und damit ein Universitätsstudium ermöglichte.

Matura und Hochschulstudium. Eine weiterführende Ausbildung der Mädchen stieß zu Beginn des Jahrhunderts noch auf große Skepsis und Widerstände. Der Zugang zur **Reifeprüfung** wurde Mädchen in der österreichischen Monarchie erst im Jahr 1896 gestattet. Selbst dann konnten sie die Prüfung, nach vollendetem 18. Lebensjahr, nur als **Privatistinnen** an einem Knabengymnasium ablegen. Ab 1897 waren Frauen offiziell zum Studium an der **philosophischen Fakultät** zugelassen, zum **Medizinstudium** ab 1900. Die **Rechtsfakultät** nahm ab 1918 auch Studentinnen auf, während **Theologie** in Innsbruck erst seit 1946 von Frauen studiert werden kann.

Jedoch nur eine geringe Anzahl von Mädchen und Frauen konnte das Recht auf ein Universitätsstudium vorerst in Anspruch nehmen, da die grundlegende Voraussetzung dafür, nämlich Gymnasien für Mädchen, in Tirol fehlte. In Innsbruck eröffneten die Ursulinen ein Mädchenlyzeum. Hier konnten Schülerinnen 1913 erstmals in Tirol eine Matura ablegen, die den Zugang zur Universität ermöglichte.

Und wer die jungen Mädchen, die da drinnen unter der gefälschten Flagge der Wissenschaft einige Jahre vertändeln (...), für die Ehe wie für jeden Beruf unbrauchbar, herauskommen sieht, der wird die oft gerügte Heiratsunlust der heutigen Männer sicher um vieles milder beurteilen."

(„Zur Frauenfrage", 1901 vom Innsbrucker Kirchenrechtler Ludwig Wahrmud veröffentlicht)

In Bozen gab es seit 1876 die k.k. Staatsunterrealschule, die 1910 in k.k. Reform-Realgymnasium umgetauft wurde. Dort scheint im Jahr 1911 erstmals in der 6. Klasse eine **hospitierende Privatistin** auf: **Marie Jahl** hieß die couragierte Schülerin. Im Schuljahr 1917/18 waren es schon drei Hospitantinnen: **Gertrude Walther** in der 4., **Gertrude Schreckenthal** in der 5. und **Gertrude Schindler** in der 6. Klasse. Ab dem Schuljahr 1919/20 scheinen in allen 8. Klassen Mädchen auf. Die Schule wurde aufgrund der politischen Veränderungen im Schuljahr 1922/23 geschlossen. Die Schülerinnen konnten die bereits begonnene Ausbildung am Privatgymnasium der Franziskaner, an dem bis dahin nur Knaben zugelassen waren, zu Ende führen. Doch im Frühjahr 1927, als die beiden letzten Maturantinnen die Schule verließen, stellten die Franziskaner wieder auf die traditionelle Ausrichtung um. Es sollten einige Jahrzehnte vergehen, ehe sie erneut ihre Pforten für Schülerinnen öffnen würden. Seit dem Schuljahr 1989/90 sind Mädchen zugelassen.

Der **Erste Weltkrieg** hatte für die Ausbildungs- und Erwerbsmöglichkeiten von Mädchen und Frauen generell eine Art Schrittmacherfunktion. In Bozen gab es nach 1918 neben der höheren Töchterschule und dem **Kgl. Reform-Gymnasium-Lyceum** 1920 einen ersten Jahrgang der **Lehrerbildungsanstalt** für Mädchen. Sie war provisorisch im Schulgebäude in der **Sparkassenstraße** untergebracht, und der Lehrkörper war im Grunde derselbe wie an der höheren Töchterschule, doch unterstand sie einer eigenständigen Direktion unter **Lotte Poelzl (Poetzl)**. Infolge der Machtergreifung der Faschisten in Italien war auch das Projekt einer LehrerInnenbildungsanstalt mit deutscher Unterrichtssprache in Bozen nur von kurzer Dauer. Allerdings kam in den folgenden Jahren den (Hilfs-)Lehrerinnen eine herausragende Bedeutung zu. Der geheime Deutschunterricht in den Jahren der faschistischen Assimilierungspolitik wurde vor allem von kurzfristig ausgebildeten Frauen durchgeführt.

Zwei Maturantinnen am Franziskanergymnasium in Bozen, 1927

8

Vereine

Erste Schritte in die Öffentlichkeit

Frauen in Vereinen

Im 19. Jahrhundert wurden nicht nur in Bozen zahlreiche Vereine gegründet. Der Verein war im Zuge des Emanzipationsprozesses der Bürger – und später auch der Arbeiter – die zentrale Organisationsform, durch die diese ihre politischen, kulturellen und geistigen Interessen artikulierten und nach außen vertraten. Frauen blieben davon zunächst weitgehend ausgeschlossen. So durften nach dem Vereinsgesetz von 1867 weder Frauen noch Ausländer, noch Minderjährige Mitglieder politischer Vereine werden, geschweige denn selbst solche gründen. Für Frauen war der Schritt, sich über Vereine in der Öffentlichkeit zu artikulieren, um vieles schwieriger und weniger selbstverständlich als für Männer. Gleichzeitig war der Verein als Organisationsform für Frauen insofern bedeutsamer, als ihnen in den folgenden Jahrzehnten keine anderen Möglichkeiten zur Teilhabe an der gesellschaftlichen und politischen Öffentlichkeit zur Verfügung standen. Während die Männer sich zunehmend in politischen Parteien zu organisieren begannnen, blieben die Frauen in Österreich und Deutschland bis nach dem Ersten Weltkrieg, in Italien bis nach 1945 sogar das Wahlrecht vorenthalten.

Der Salon

Geselligkeit und kulturell-politischer Austausch

Anna Zagler geb. Ruedl, Gründerin des Dienstbotenhauses in Bozen

Die sogenannte Salonkultur hatte sich in Frankreich seit dem 17. Jahrhundert herausgebildet und wurde hauptsächlich von begüterten und gebildeten Frauen getragen. Sie arrangierten in ihrem Haus Empfänge und regelmäßige Treffen, bei

Cafésaal.

CAFÉ
B

Das Cafè Kusseth in der Mustergasse

denen man in lockerer Atmosphäre über Literatur, Kunst und Politik plauderte und neue Formen des sozialen Umgangs erprobte. Diese Anfänge bürgerlicher Öffentlichkeit zeitigten im Laufe des 18. Jahrhunderts auch im deutschsprachigen Raum ihre Wirkung. Frauen betrieben berühmte Salons, so Karoline Schlegel in Jena, Rahel Varnhagen in Berlin, Johanna Schopenhauer in Weimar oder Karoline Pichler in Wien. Auch in der Handelsstadt Bozen gab es Ansätze einer Salonkultur.

So galt das Haus der **Magdalena von Remich**, das ehemalige Stadtpalais der Grafen Trapp-Churburg am **Musterplatz** gegenüber der Kaiserkrone, um 1800 als „Sammelplatz der eleganten und geistreichen Welt". Dort trafen sich die Eliten der Bozner Gesellschaft sowie berühmte Durchreisende. Magdalena von Remich galt als intelligente, aber auch lebenslustige Frau der Talferstadt. Sie stammte selbst aus einer sehr begüterten Familie und hatte eine beträchtliche Mitgift in die Ehe gebracht, die ihr einen luxuriösen Lebensstil erlaubte. Sie unternahm Reisen nach Amsterdam, Paris und Rom und war eine Freundin und Gönnerin vor allem der bildenden Kunst. Andrea Appiani, dem späteren Hofmaler Napoleons, stand sie Modell für das Bild „Maddalena", das sie dann auch erwarb.

Am Schnittpunkt zwischen Salonkultur und frühem Vereinswesen stand das am 20. September 1804 feierlich gegründete

Fußballriege des Turnverein Bozen

Deutschen Turnergruß zuvor!

Wir beehren uns hiemit, Euer Hochwohlgeboren, zu unserem am Samstag, 22. Jänner 1921, in der Vereinsturnhalle stattfindenden

Tanzkränzchen

mit Juxpost und Schönheitskonkurrenz höflichst einzuladen. Beginn halb 9 Uhr abends. + Musik besorgt die Salonkapelle Deutsch. + Eintritt für Mitglieder des Turnvereines und des Fußballverbandes 4 Lire, für geladene Nichtmitglieder 6 Lire einschließlich Steuer.

Das Komitee.

Eintritt nur gegen Vorweis dieser Einladungskarte.

Einladung des Turnvereins Bozen, 1921: Frauen waren am Beginn der Turnerbewegung nur als Begleiterinnen bei Festlichkeiten zugelassen.

Bozner Casino, eine Art Lesegesellschaft, der der Ehemann Magdalenas, Anton von Remich, als Präsident vorstand. Die Casinogesellschaft tagte zweimal wöchentlich im 1805 fertiggestellten **Stadttheater am Musterplatz**. In den dort angemieteten Räumen mit Lesesaal und Kaffee-Restauration traf man sich zur Zeitschriftenlektüre und pflegte die Geselligkeit. An festgesetzen Tagen waren auch Frauen zugelassen, ebenso zu der jährlich abgehaltenen Faschingsfeier. Insgesamt blieb das Casino aber eine männerdominierte Angelegenheit. Unter den 80 Gründungsmitgliedern scheint nur eine einzige Frau auf, nämlich **Anna von Menz geb. von Gummer**. Es handelt sich dabei um die Mutter der später als „Franzosenbraut" bekannt gewordenen Annette von Menz.

Frauen in Turnvereinen

„Sitte und Schicklichkeit" verboten Frauen vieles, was bei Männern durchaus akzeptiert, ja geradezu gefördert wurde. Das galt besonders auch im Sport.

Der Bozner Turnverein wurde 1860 für Burschen und junge Männer aus dem Bildungsbürgertum gegründet. Frauen sind erstmals anläßlich der Fahnenweihe im April 1863 erwähnt; den

Fahnenpatinnen wird sogar ein Lied gewidmet, in dem die Turner das „fromme Gemüth der deutschen Frauen" besingen. Die Frauen waren für die Geselligkeit, wie die Ausrichtung von Festen, zuständig, wobei der Erlös den Vereinskassen zufloß. Und immer wieder werden Frauen als schmückendes Beiwerk dargestellt: „Ein stattlicher Kranz reizender junger Damen half das Fest verschönern, mit dem Komitee und Gäste vollauf zufrieden sein können", hieß es anläßlich des Turnerkränzchens des Turnvereins Jahn im Bozner Bürgersaal.

Erst als auch von medizinischer Seite immer wieder auf die positiven Auswirkungen sportlicher Betätigung hingewiesen wurde, konnten sich Frauen auf diesem Feld langsam etablieren. Allerdings war diese Entwicklung durch viele Einschränkungen und Barrieren erschwert. Zunächst blieb es Mädchen und sehr jungen Frauen vorbehalten, Sport auszuüben, wobei sie sich auf bestimmte Sportarten beschränken und an **rigorose Kleidervorschriften** halten mußten.

Von einer breiteren sportlichen Betätigung der Frauen läßt sich in Bozen erst in der **Zwischenkriegszeit** sprechen. In den dreißiger und vierziger Jahren war das **Fahrrad** für Frauen bereits ein selbstverständliches Fortbewegungsmittel; auch Frauen im Schwimmanzug oder mit Skihose waren keine Seltenheit mehr. Allerdings blieb die Faszination des Sports zunächst lange auf ein städtisches Publikum begrenzt. Endgültig setzte sich der Frauensport – auch als öffentlich gefördertes Anliegen in Hinblick auf seine Professionalisierung (Leistungssport) – erst nach 1945 durch.

Geistige und soziale Mutterschaft

Zu Beginn des zwanzigsten Jahrhunderts machten Frauen-vereine gerade 10 Prozent der Bozner Vereinswelt aus. In ihren Zielsetzungen unterschieden sie sich von den Männervereinen. Gab es auf der Seite der Männer Zusammenschlüsse politischer, kultureller, sozialer, beruflicher, geselliger und sportlicher Natur, so blieben die Frauenvereine auf zwei Schwerpunkte konzentriert: **Bildung** und **soziale Fürsorge**. Das hatte gute Gründe, gab es doch gerade auf diesen Gebieten einen unmittelbaren Bedarf an Frauen, und ließ sich hier die Vereinstätigkeit am ehesten mit der traditionellen Frauenrolle verbinden.

Für adelige und bürgerliche Frauen war der **karitative Bereich** ein wichtiges Tätigkeitsfeld in der Öffentlichkeit. Das soziale Fürsorgewesen im 18. und 19. Jahrhundert basierte hauptsächlich auf lokalen und privaten Einrichtungen, staatliche Maßnahmen gab es nicht. Das Konzept der **sozialen Mutterschaft** in der Gesellschaft gründete auf der Gebärfähigkeit der Frauen und leitete sich aus der ihnen zugewiesenen Alleinverantwortung für die Versorgung und Erziehung der Kinder und der Pflege und Unterstützung hilfsbedürftiger Personen ab. Dabei stellte das Feld der Wohltätigkeit für Frauen eine Möglichkeit dar, eigenständige Initiativen in der Öffentlichkeit zu entfalten und ihre Organisationsformen weitgehend selbst zu bestimmen. Wie im ganzen katholischen Land Tirol, so war auch in Bozen die Autonomie der Frauenvereine durch die Kirche begrenzt; den Bozner Frauenwohltätigkeitsvereinen stand in der Regel ein **Priester als Kontroll- und Beratungsinstanz** vor.

In den katholischen Frauenvereinen wurde der liberale Vereinsgedanke, der auf Individualismus, Autonomie und Freiwilligkeit basierte, umgeformt. Die Betreuten erfuhren nicht nur materielle Hilfe, vielmehr beeinflußten die Sozialvereine ihre gesamte Lebensführung, aber auch die der Mitglieder. So war ein einwandfreier religiöser und sittlicher Lebenswandel die unabdingbare Voraussetzung für Mitgliedschaft und Anspruch auf Betreuung.

Die Vielzahl der Sozialvereine, die sich vorwiegend um Frauen kümmerten, macht deutlich, daß Armut als soziales Phänomen Frauen damals besonders stark betroffen hat. Das

 „weibliche Gesicht" der Armut hat als Tatbestand übrigens bis heute Gültigkeit.

Im Bozner Adreßbuch von 1903 sind sieben Frauenvereine angeführt, deren Engagement eindeutig im Bereich der sozialen Fürsorge lag:

1. Frauenverein zur Erziehung hilfsbedürftiger Mädchen
2. Kleinkinderbewahranstalt
3. St.-Anna-Verein zur Unterstützung armer verehelichter Wöchnerinnen
4. Landesfrauen-Hilfsverein vom Roten Kreuz
5. Elisabethverein
6. Sonntagsverein für katholische Mädchen und Arbeiterinnen
7. „Edeltraud"-Verein zur Unterstützung hilfsbedürftiger Frauen

Kleinkinderbewahranstalt und Frauenverein zur Erziehung hilfsbedürftiger Mädchen. In Bozen kam es 1847 zur Gründung der **Kinderbewahranstalt** für drei- bis sechsjährige Kinder, die zunächst in einem Gebäude in der **Pfarrgasse** (heute Eisackstraße) untergebracht war. Gründung und Verwaltung dieser Einrichtung lagen ausschließlich in Händen von Frauen, geführt wurde das Heim von den Barmherzigen Schwestern. Im Jahr 1853 wurde ein Haus in der **Maurergasse** (heute Wangergasse) angekauft und die Betreuung auch auf schulpflichtige verwaiste Mädchen bis zu zwölf Jahren ausgedehnt. 1872 erwarb der Verein ein neues Gebäude in der **Hintergasse** (heute Vintlergasse), wo er seine Tätigkeit bis zu seiner Auflösung durch die staatliche Präfektur 1939 fortsetzte.

Im Winter 1848/49 gründeten die Frauen um die Kinderbewahranstalt auch den **Frauenverein zur Erziehung hilfsbedürftiger Mädchen**. Ziel dieses Vereins war die materielle und „sittliche" Betreuung schulentlassener Mädchen; diese sollten bei zumeist bäuerlichen Familien Unterkunft finden und dort zu „tüchtigen Hausgehilfinnen" ausgebildet werden.

1851 konnte, nicht zuletzt dank der Spenden der Erzherzogin Elisabeth von Österreich, die auch zur Namensgeberin wurde, ein Haus in der **Rauschgasse** (heute Rauschertorgasse Nr. 50) erworben und zum Mädchenheim **Elisabethinum** ausgebaut werden, dessen Führung die Barmherzigen Schwestern übernahmen. In dieses Haus wurde auch die 1841 von Baron Johann von Putzer gegründete **Nähschule** integriert. Der Verein war also vielseitig tätig.
Da war zunächst besagtes **Mädchenheim Elisabethinum**. Aus dessen Satzungen: „Der Zweck der Anstalt im allgemeinen ist das geistliche und leibliche Wohl junger hilfsbedürftiger Mädchen von Bozen samt der Gemeinde Gries und Zwölfmalgreien, insbesondere Vorbildung derselben zu guten Dienstmägden." Aufgenommen wurden Mädchen über zwölf Jahren, die sich einer von klerikalem Geist geprägten **Heimordnung** fügen mußten. Der Tagesablauf war streng gegliedert: Werktags wurden die Mädchen um

Baronin Anna von Eyrl geb. von Hafner (1823–1901) stand der Kleinkinder-bewahranstalt von 1869 bis 1901 vor.

5.30 Uhr geweckt, anschließend war Morgengebet. Von 7 bis 8 Uhr war Lernzeit und dann bis 10.45 Uhr Unterricht. Die Mittagspause dauerte von 11 bis 12.45 Uhr, dann war wieder Unterrichts- und Lernzeit. Um 18 Uhr gab es Abendessen und dann Nachtruhe, wobei die älteren Mädchen dreimal wöchentlich noch eine Stunde arbeiten durften.

Vom Schuljahr 1887/88 bis 1924 gab es im Elisabethinum darüber hinaus eine Volksschule für Mädchen, der 1904 das Öffentlichkeitsrecht zuerkannt wurde. 1903 übersiedelte das Mädchenwohnheim in einen Neubau in der **Runkelsteinerstraße**.

Die **Putzer'sche Nähschule** wurde auch von externen Schülerinnen besucht. Eine Gedenktafel im Elisabethinum erinnert an die Ehefrau des Stifters durch den Hinweis auf ihre symbolische Urheberschaft dieser sozialen Einrichtung. Die Inschrift lautet: **„Anna v. Putzer zu Reibegg – Freyin v. Ingram** – geboren am 27. November 1803, verehelicht am 16. July 1822, gestorben am 7. März 1841, legte den Grundstein zu dieser Kinderbewahranstalt durch ihre ausgezeichneten Tugenden als Gattin und Mutter."

Schließlich gab es noch die **externe Betreuung** von schulentlassenen Mädchen, die bei für geeignet befundenen Familien untergebracht wurden.

Das breite Tätigkeitsspektrum machte den **Frauenverein** zweifellos zur bedeutendsten Wohlfahrtsorganisation der Stadt Bozen. Interessant ist deshalb ein Blick auf seine personelle Zusammensetzung, die Struktur und die Arbeitsweise. Die Mitgliedsfrauen, deren Anzahl nie über fünfzehn betrug, stammten aus adeligen und gutbürgerlichen Kreisen. Diese Zusammensetzung war für die Zeit typisch. Die Frauen waren häufig miteinander verwandt oder verschwägert. Einerseits war die adelige und großbürgerliche Schicht in einer Stadt von der Größe Bozens begrenzt, andererseits erfolgte bei Frauenvereinen die Rekrutierung von Mitgliedern generell vor allem über verwandtschaftliche Beziehungen. Der Frauenverein wurde

Die Präsidentinnen des Frauenvereins von 1847 bis 1939: Gräfin Luise von Hendl, Baronesse Elise Kofler geb. Bonomo, Baronesse Anna von Eyrl geb. von Hafner, Baronesse Amalia von Eyrl geb. von Gatterburg, Baronesse Rosa Riccabona geb. von Ferrari. Die Kassierinnen im selben Zeitraum: Therese Romen geb. Kinsele, Antonia von Mackowitz geb. Romen, Josepha Romen, Josepha von Zallinger, Karoline von Hepperger, Fanny Kinsele

ausschließlich von Frauen getragen, wenngleich der Propst und Stadtpfarrer von Bozen eine Aufsichts- und Kontrollfunktion innehatte. So führte er etwa bei Sitzungen, in denen der Vorstand gewählt wurde, den Vorsitz und übte die Oberaufsicht über das Mädchenheim Elisabethinum aus. Die Einmischung eines Mannes von geistlicher Seite ließen sich die Frauen noch gefallen, sonst allerdings verwahrten sie sich taktisch geschickt gegen männliche Bevormundung – so läßt sich wohl die Bemerkung im Sitzungsprotokoll vom 3. Jänner 1853 verstehen: „Man äußerte Mißtrauen gegen unsere Verwaltung. Wir baten Herrn Bürgermeister und Dr. von Walther Einsicht zu nehmen. **Die Männer reden zu lassen und wie bisher fortzufahren.**" Diese Notiz ist bemerkenswert, angesichts der allgegenwärtigen männlichen Kontrolle über die frühen Frauenvereine, denen eine autonome Vereinsführung kaum zugestanden wurde.

St.-Anna-Verein zur Unterstützung armer verehelichter Wöchnerinnen. Auch dieser Verein, der seit 1860 bestand, wies eine sehr beschränkte Mitgliederzahl auf; in den ersten fünfzehn Jahren gehörten ihm nie mehr als zehn Frauen an. Jede der Frauen war für einen bestimmten Bezirk der Stadt und der nächsten Umgebung zuständig. Die Hebamme informierte über **bedürftige Wöchnerinnen**. Diese erhielten am Tag der Entbindung jeweils ein **Unterstützungspaket** und mußten mindestens einmal während des Wochenbettes besucht werden. Der Inhalt des Paketes war genau festgelegt: zwei Hemdchen, zwei Windeln, zwei „Fatschen", zwei Pfund Weizenmehl, ein Stück Seife; zudem wurde die Wöchnerin vom Tage der Entbindung an 14 Tage verköstigt. Neben der Betreuung der Wöchnerinnen kümmerte sich der Verein auch um die **Unterbringung von Säuglingen** in den ersten Monaten nach der Geburt, wenn die Mutter aus gesundheitlichen oder sozialen Gründen nicht in der Lage war, das Kleinkind zu versorgen.

Das Dienstbotenhaus. In der **Wangergasse 8** (ursprünglich **Maurergasse**) behielt das Dienstbotenhaus seine Funktion bis in die fünfziger Jahre. Es war ein altes, durch den Krieg zum Teil beschädigtes zweistöckiges Gebäude, in dem **ledige, weibliche Dienstboten** Unterkunft fanden. Die Frauen, die darin wohnten, verrichteten bei verschiedenen Familien Putz- und andere Hausarbeiten.

Diese Einrichtung „für weibliche Dienstboten, welche 15 Jahre in Bozen gedient haben oder hier zuständig sind", bestand seit 1873/74. Wie bei mehreren Fürsorgeeinrichtungen wurde auch beim Dienstbotenhaus der Grundstein durch die **testamentarische Verfügung wohlhabender Frauen** gelegt.

Die 1872 verstorbene Witwe **Anna Zagler geb. Ruedl** und die 1866 verstorbene Frau **Wilhelmine Kofler geb. Grätzl** widmeten jeweils einen Teil ihres Nachlasses der Errichtung des Dienstbotenhauses. Anna Zagler stiftete ihr Haus in der Wangergasse für diesen Zweck, und Wilhelmine Kofler sicherte das Projekt durch finanzielle Zuwendungen.

Das Testament der Wilhelmine Kofler. Wie bereits erwähnt, war es in adeligen und gutbürgerlichen Kreisen üblich, einen Teil des Vermögens für wohltätige Zwecke zu bestimmen. Dem lag eine gesellschaftliche Notwendigkeit zugrunde, da die **Armenfürsorge** weitgehend auf kirchlichen, kommunalen oder privaten Initiativen beruhte. Von großer Bedeutung war auch die religiöse Motivation, da Almosen nach christlicher Auffassung auch dem **eigenen Seelenheil** zugute kommen. Daneben gab es als spezifisch bürgerliches Element die **philanthropische Begründung**, die in der Aufklärung wurzelt. Es handelt sich um die Säkularisierung des christlichen Almosengedankens aus dem Selbstverständnis als Menschenfreund. Und nicht zuletzt waren solche testamentarischen Verfügungen eine **Frage des Prestiges**. So lebten in den verschiedenen **Stiftungen** die Namen der Spender weiter, die sich damit selbst

Das Gebäude der Kofler-Stiftung in der Vintlergasse beherbergt auch heute noch ein Mädchenheim und einen Kindergarten.

eine Art Denkmal schufen. Vorwiegend waren es Männer, die über Vermögen und Hinterlassenschaften bestimmen konnten. Auch der Ehemann der Wilhelmine Kofler hatte testamentarisch die **Dr. Joseph von Kofler'sche Privatstiftung** ins Leben gerufen, deren Ertrag für die bedeutendsten Wohltätigkeitswerke von Bozen bestimmt war. Aber auch Frauen, vor allem Witwen wohlhabender Bozner Bürger, verfügten in dieser Weise über ihr Erbe, wobei sie wohl nicht zufällig, wie auch im folgenden Fall, von Frauen getragene Institutionen oder Frauen in besonderer Weise bedachten. **Wilhelmine Kofler geb. Grätzl** starb am 14. April 1866 im Alter von 64 Jahren in ihrem Haus am **Obstplatz 147** an einem Schlaganfall. In ihrem Testament hatte sie verfügt: Die Kleinkinderbewahranstalt sollte 9000 fl. bekommen, das städtische Armenhaus 6000 fl., die Insassinnen des Dienstbotenhauses 5000 fl., schließlich die Anstalt für unheilbar geisteskranke Frauen in Hall 3000 fl. Je 1000 bis 1500 fl. bekamen das Rainerum, der Gesellenverein, der Frauenverein, der Almosenfonds, die Taubstummenanstalt in Hall sowie die Tertiarinnen in Bozen und Jenesien. Auch die Basen der Verstorbenen, Anna und Aloisia Widmann, die Magd Elisabeth Blasbichler und deren Schwester Anna wurden mit kleineren Geldbeträgen bedacht. Andere Frauen aus dem Bekanntenkreis erhielten Kleider, Wäsche oder Wohnrecht. Schlechtere Kleider und Wäsche sollten dem Verein zukommen, zugunsten armer ehelicher Wöchnerinnen. Schließlich wurden noch die verschiedenen Kirchen von Bozen und Umgebung mit 1000 bis 1500 fl. bedacht. Dafür mußte eine bestimmte Anzahl von Messen für die Verstorbene gelesen werden.

Frühlingsfest des Curvereines
BOZEN-GRIES
1902.
Jhre Durchlaucht Fürstin
Maria Raineria von Campo Franco.
Im Selbstverlage. — Druck „Tyrolia", Bozen.

Fremdenverkehr

Frauen im Fremdenverkehr am Beispiel des Kurortes Gries

Die Entwicklung des Kurortes

Die Eröffnung der Bahnlinie Bozen–Verona im Jahr 1859 und der Brennerbahn 1867 sind Meilensteine in der Entwicklung des Tourismus in (Süd-)Tirol. Bozen und Gries waren bis 1926 zwei selbständige Gemeinden und setzten sehr unterschiedliche Akzente bei ihrer Selbstdarstellung als touristisches Ziel: Während die Stadt Bozen ihren Zentrumscharakter und die Unterhaltungsmöglichkeiten betonte, stellte Gries die Ruhe und die Naturschönheiten der Umgebung in den Vordergrund. Gleichzeitig gab es eine Zusammenarbeit zwischen den beiden Gemeinden. Symbol dafür war etwa die feierliche Eröffnung der neuen Talferbrücke 1900, die der damalige Bürgermeister Julius Perathoner als „Sinnbild der friedlichen Beziehungen der beiden Schwesternorte" bezeichnete. Seit 1874 gab es den gemeinsamen Kurverein Bozen-Gries.

Gries wurde durch den aufkommenden Tourismus viel nachhaltiger geprägt als Bozen, zumal es vor allem der Kurtourismus war, der sich im 19. Jahrhundert großer Beliebtheit erfreute. In Tirol kam dabei der Stadt Meran die größte Bedeutung zu. Gries präsentierte sich mit seinen klimatischen Vorzügen als Luftkurort, mit einer Saison von September bis Juni. Die meisten Kurgäste kamen aus der Habsburgermonarchie und dem Deutschen Reich. Ein beachtliches Kontingent stellten auch russische Gäste, während Besucher aus anderen Ländern nur einen kleinen Teil ausmachten.

Mit Ansichtskarten wurde für den Kurort Gries geworben.

Der Fremdenverkehr veränderte das **Ortsbild von Gries** entscheidend. Wurden im Jahr 1851 noch 255 Häuser gezählt, so waren es 1910 bereits 615. Privathäuser wurden zu Gasthäu-

sern oder Hotels, Wiesen und Äcker in Gärten und Promenaden umgewandelt. Die einheimischen Gewerbe- und Handelstreibenden, aber auch die Bauern der Umgebung stellten ihr Angebot auf die Bedürfnisse und Wünsche der Kurgäste ein, wie zahlreiche Werbeinserate in der Kurzeitung belegen.
Kritik und Widerstände gegen die touristische Entwicklung erhoben sich aus unterschiedlichen Kreisen. Der **Klerus** sah die katholische Glaubenseinheit gefährdet, andere fürchteten um den bäuerlichen Charakter von Gries. So stritten sich Grieser **Weinbauern** und Fremdenverkehrsbetreiber über die Umzäunung der Weingüter: Die einen wollten die Ernte schützen, die anderen unbehinderte Spazierwege bieten. Die Bauern befürchteten eine **Abwanderung des Dienstpersonals** in die besser bezahlten Stellen im Gastgewerbe und daß sich die Dienstboten angesichts der neuen Arbeitsverhältnisse auch anderer Bedürfnisse bewußt würden und sie Forderungen gegenüber ihren Arbeitgebern stellen könnten.

Reisende Frauen

Im Bereich des Fremdenverkehrs nahmen Frauen auf den unterschiedlichsten Ebenen zentrale Positionen ein. An der Spitze der gesellschaftlichen Hierarchie standen die **weiblichen Kurgäste**. Es war im vorigen Jahrhundert keineswegs selbstverständlich, daß Frauen allein reisten. Zur Kur fuhren Frauen häufig in weiblicher Begleitung. So verzeichnet die Fremdenliste des Kurortes Gries im Jänner 1908 bei insgesamt 279 Personen 121 alleinreisende Damen und 106 alleinreisende Herren, wobei alleinreisend zumeist die Abwesenheit des Ehepartners bedeutet. Die Frauen befanden sich in Begleitung ihrer Töchter, Schwestern oder Freundinnen.
Der Aufenthalt im Kurort, dessen Publikum sich aus VertreterInnen adeliger und gutbürgerlicher Kreise zusammensetzte, bot gute Chancen für standesgemäße **Eheanbahnungen**.

Der Garten des Hotels Germania auf der Guntschna-Promenande, 1908. Dieses Bild bestätigt, daß Frauen auch ohne männliche Begleitung in der Öffentlichkeit auftraten.

Der Kuraufenthalt bot reichlich Gelegenheiten zu Kontakten zwischen Urlaubern beiderlei Geschlechts. So fanden in Gries täglich Nachmittagskonzerte auf der Terrasse oder im Saal des 1883/84 erbauten **Kurhauses**, dem heutigen Institut der Marcellinen, statt. Daneben gab es Vorträge, Feste und Bälle; auch wurde zur Ausübung diverser Sportarten animiert. Einige der weiblichen Kurgäste engagierten sich während ihres Aufenthaltes im Bereich der öffentlichen Wohltätigkeit. So fand 1901 ein Wohltätigkeitsabend im **Hotel Sonnenhof** zugunsten einer Heilanstalt für unbemittelte Lungenkranke statt. Organisiert wurde dieser Abend von einem „Damencomité unter Präsidium der Frau Geh. Medicinalrath Prof. Schatz aus Rostock". Ein völlig anderes Bild von den Aktivitäten der weiblichen Kurgäste in Gries vermittelt der Reiseschriftsteller Heinrich Noé: „Von dem treppenförmigen Absatz vor dem Hotel Brückl aus hat man eine wunderschöne Aussicht. Gelangweilte Damen zeichnen oder malen dort irgend etwas aus der Landschaft heraus." Während der Kuren und Behandlungen in der ärztlich geleiteten Kuranstalt, die sich in der Dependance des Hotels Sonnenhof befand, waren die Frauen unter sich. Angeboten wurden in Gries Bäder-, Trink- und Inhalationskuren. Die Anwesenheit berühmter Kurgäste aus dem europäischen Hochadel war für den Kurort von großer Werbewirksamkeit und wurde dem-

Allzeit freundlich und dienstbereit

Abhängige Arbeit im Gastgewerbe

Namenlos sind die vielen Frauen und Mädchen, die als abhängige Arbeitskräfte im Gastgewerbe tätig waren. Der Anteil der weiblichen Arbeitskräfte im Tiroler Gastgewerbe lag 1910 bei 75 Prozent. Die in Gries Beschäftigten kamen aus der ländlichen Umgebung Bozens, aus dem Trentiner Raum und aus den Unterschichtsfamilien der Stadt selbst. Im Handelskammerbezirk Bozen waren 1890 von den im Gastgewerbe tätigen Arbeiterinnen und Arbeitern rund 85 Prozent als ledig verzeichnet, über 60 Prozent davon gehörten der Altersgruppe zwischen elf und dreißig Jahren an. Die Arbeit auf dem Tourismussektor wurde als attraktiver empfunden als jene in ländlichen oder städtischen Haushalten. Die Löhne waren vergleichsweise hoch, die Trinkgelder eine zusätzliche Einnahmequelle. Auch war in größeren Betrieben und bei mehreren Angestellten die individuelle Freiheit größer als in Haushalten, wo die Dienstboten mehr oder weniger der ständigen Kontrolle des Dienstgebers ausgesetzt waren. Andererseits bot der enge Familienanschluß den Dienstmädchen Schutz, was vor allem dann eine Rolles spielte, wenn sie sehr jung waren und aus entfernten Gegenden stammten.

Die Standseilbahn auf den Guntschnaberg wurde von Elise Überbacher finanziert.

Das Gastgewerbe bildete von Anfang an einen wichtigen Bereich weiblicher Erwerbstätigkeit. Es bot Frauen unter weitgehender äußerlicher Wahrung des traditionellen Rollenkonzeptes die Möglichkeit selbständiger Betriebsführung.

Der **Erste Weltkrieg** unterbrach die touristische Entwicklung von Gries. Die zahlreichen Hotels wurden ab 1915 zum Teil in **Reservelazarette und -spitäler** umfunktioniert, in denen wiederum vor allem **Frauen als Pflegerinnen** arbeiteten. 1925 wurde Gries in die Stadt Bozen eingemeindet, und die meisten großen Fremdenverkehrseinrichtungen wurden für andere Zwecke bestimmt. So wurde das Kurhaus an die „Suore Marcelline" verkauft, die daraus eine Mädchenschule machten.

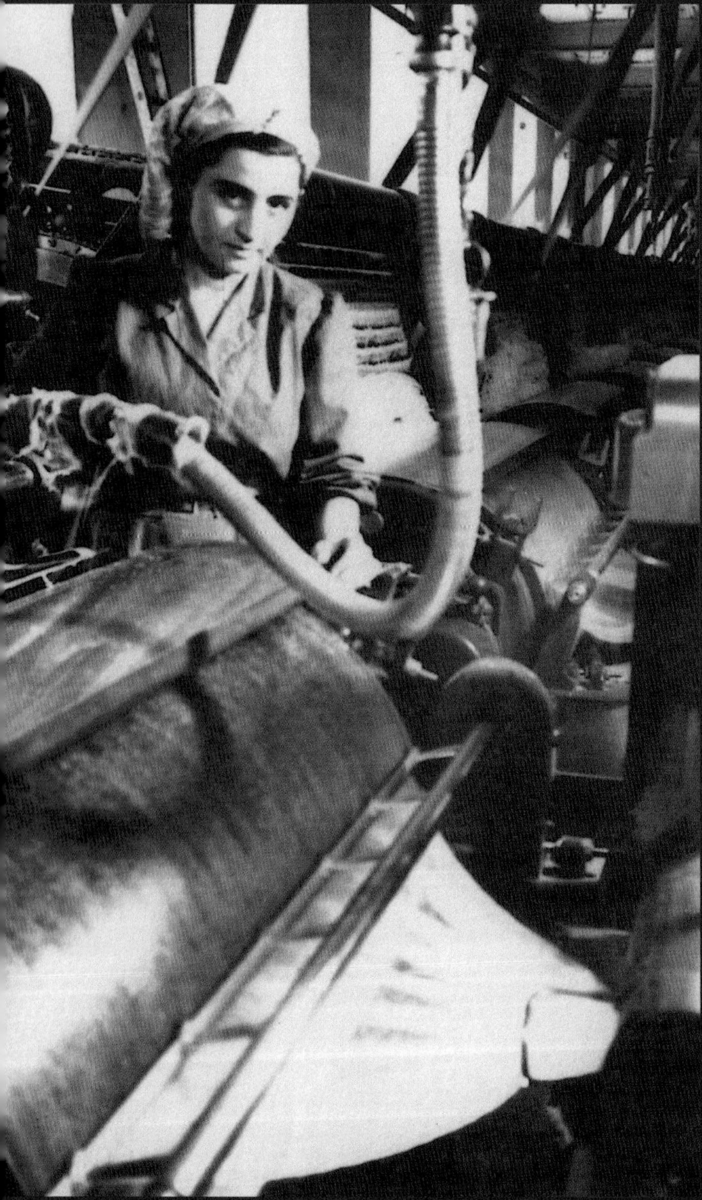

10

Arbeit

Die fleißigen und geschickten Hände der Frauen

Gewerbliche und industrielle Erwerbsarbeit

Aufgeschreckt durch die vom Industrialisierungsprozeß bewirkten gesellschaftlichen Veränderungen warnten im 19. Jahrhundert Schriftsteller, Ärzte, Pfarrer und ähnliche Autoritäten nachdrücklich vor den verhängnisvollen Folgen weiblicher Erwerbstätigkeit. Sie beschworen die „Verrohung der weiblichen Sitten und des weiblichen Wesens" und beklagten die Auswirkungen weiblicher Erwerbstätigkeit auf das Familienleben. **Der Haushalt wurde zum Gegenpol der Arbeit stilisiert:** Dort walte und schalte die Frau, ihrem Wesen entsprechend, aus Liebe. Im Haushalt tätig zu sein galt als natürliche Bestimmung, nicht als Arbeit. Dabei war die außerhäusliche Erwerbstätigkeit für viele Frauen schon lange vor der Industrialisierung eine existenzielle Notwendigkeit.

Auch in Bozen sind verschiedene Etappen der Arbeit von Frauen außerhalb des eigenen und fremder Haushalte zu verfolgen. So gab es die **Lohe- oder Loachweibelen**, die in den lederverarbeitenden Handwerksbetrieben die Gerberlohe einsammelten. Dabei handelt es sich um ein Abfallprodukt der Gerberei, und zwar um grob gemahlene Baumrinde, die bei der Lederverarbeitung eingesetzt wird. Die Frauen kauften diese Gerberlohe, trockneten sie auf dem Dachboden und verkauften sie als Heizmaterial weiter. Dieses Beispiel zeigt, wie sich Frauen in den Nischen der marktorientierten Ökonomie durchzusetzen wußten.

Arbeiterin in der 1848 gegründeten Baumwollspinnerei St. Anton

Das Bozner Spinnhaus

Im Jahre 1767 verfügte Franz de Paula von Mayrl testamentarisch, daß ein Teil seiner Hinterlassenschaft zur Errichtung eines Arbeitshauses verwendet werden sollte, „um den verderblichen Müßiggang hauptsächlich unter den armen Leuten abzubringen". Derartige Arbeitshäuser entsprachen ganz dem aufgeklärt-merkantilistischen Grundsatz der damaligen Regierungen, die einfache Bevölkerung durch Arbeit zu erziehen, zu kontrollieren und gleichzeitig ökonomisch gewinnbringend einzusetzen.

Anfang der siebziger Jahre des 18. Jahrhunderts wurde in Bozen in der **Hintergasse** (heute Vintlerstraße) ein **Spinnhaus** errichtet, in dem vorerst mittellose Mädchen von sieben bis zwanzig Jahren in die Baumwollspinnerei und das Spinnen von Florettseide eingeführt werden sollten. Die armen Buben der Stadt sollten erst dann ins Arbeitshaus aufgenommen werden, wenn keine weiblichen Kandidaten mehr zur Verfügung stehen würden. Man befürchtete nämlich, daß Buben nach einer Spinnerlehre für andere Arbeiten nicht mehr zu gebrauchen wären.

Das Arbeitshaus wurde 1770 erstmals vom Stadtrat an einen Privatmann verpachtet. Der Pächter hatte für die Betriebskosten des Hauses (Holz, Licht usw.) und das Rohmaterial aufzukommen sowie für die Anstellung geeigneten Lehrpersonals (Lehrmeisterinnen im Spinnen sowie eines Geistlichen für die religiöse Unterweisung) zu sorgen. Den arbeitenden Mädchen und Frauen mußte ein geringes Entgeld ausbezahlt werden. In diesem Jahr waren 51 Mädchen im Spinnhaus beschäftigt; 1790 waren es schon 135 Spinnerinnen.

Aus dem Protokoll des Stadtrates zur Beschäftigung von Buben im Bozner Spinnhaus: „(...) fürchte man nicht unbillig, daß, wenn man ihnen dergeichen Arbeitsunterhalt verschaffe, sie sich so leichterdings nicht mehr anderwärts werden verwenden lassen."

Die **Arbeitsbedingungen** im Bozner Spinnhaus waren sehr hart. Im Winter wurde täglich acht Stunden gearbeit (7–11 Uhr, 13–17 Uhr), im Sommer elf Stunden (6–11 Uhr, 13–19 Uhr). Nach einer dreijährigen Lehrzeit mit einem Tageslohn von vier Kreuzern richtete sich die Bezahlung nach der erbrachten Arbeitsleistung. Eine Aufseherin kontrollierte die Anwesenheit, die Anwesenheitsliste wurde dem Armenconsilium regelmäßig zur Überprüfung vorgelegt. Säumige Mädchen und Frauen, die nicht oder nicht rechtzeitig zur Arbeit erschienen, wurden von einem eigens geschickten Polizeidiener hergeholt.

Die Produktion im Spinnhaus war von Anfang an, trotz der niedrigen Löhne, wenig gewinnbringend, da es sowohl an der technischen Ausstattung als auch an qualifiziertem Personal fehlte.

Im Jahre 1812 wurde die Anstalt der **Franz Aukenthalerischen Handlungsgesellschaft** übergeben, die Schafwolldecken produzierte. Die Gesellschaft verpflichtete sich, mindestens 60 von der Wohltätigkeitskommission zugewiesene Kinder beiderlei Geschlechts und ältere, zu schwerer Arbeit unfähige Personen zu beschäftigen. Im Jahr 1865 wurde auch dieser Betrieb stillgelegt. In den Räumlichkeiten des Arbeitshauses wurde zunächst sechs Jahre lang unter dem Unternehmer **Leopold Petz** Zigarrenstroh produziert, und anschließend ließ sich die **Korbflechterei Kompatscher** dort nieder.

Das Bozner Arbeitshaus ist, vor allem in seinen Anfängen als Spinnhaus, ein gutes Beispiel für den außerhäuslichen Arbeitseinsatz von Frauen, der sich gleichzeitig streng innerhalb der geschlechtsspezifischen Rollenbilder bewegte.

Frauen in Fabriken

Die Baumwollspinnerei St. Anton

Der Textilsektor war zu Beginn der Industrialisierung der weibliche Sektor schlechthin. Es war gerade ein Bozner Textilbetrieb, nämlich die 1848 gegründete **Baumwollspinnerei St. Anton**, die zum Symbol der einsetzenden Industrialisierung im südlichen Tirol wurde, obwohl es schon vorher industrielle Ansätze in Bozen gegeben hatte.

Als erster Großbetrieb der Textilherstellung gilt die **Florettspinnerei** mit immerhin 200 Arbeitsplätzen, die bereits Ende des 18. Jahrhunderts im aufgehobenen **Nonnenkloster Rottenbuch** von Baron von Ehrenfeld gegründet wurde.

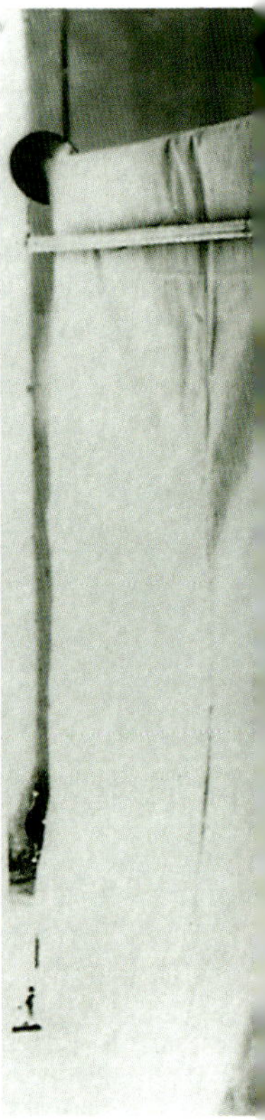

In der Baumwollspinnerei St. Anton waren 1870 von den insgesamt 300 Beschäftigten 207 Frauen und Mädchen. Im Durchschnitt waren die dort beschäftigten Frauen etwa zwanzig Jahre alt, jedoch wird aus den Arbeiterbüchern ersichtlich, daß auch Zwölfjährige in der Spinnerei arbeiteten. Zu einem großen Teil kamen die Frauen aus den Nachbarprovinzen Trient und Belluno, aber auch aus Innsbruck, Dornbirn und Olmütz sowie aus den umliegenden Gemeinden Ritten, Tiers, Sarntal oder Branzoll. Obwohl die Arbeiterbücher sehr genau geführt wurden und neben Angaben zu Alter, Geschlecht, Herkunft, Lohnhöhe, Dauer und Art der Beschäftigung oft auch Entlassungsgründe vermerkt sind, sagen sie über den Arbeitsalltag der Beschäftigten wenig aus. Die Angaben zur Höhe der Gehälter zeigen jedoch deutlich, daß Frauen durchwegs weniger verdienten als ihre männlichen Kollegen. In der Baumwollspinnerei waren oft ganze Familien beschäftigt: Gerade in der Phase der Frühindustrialisierung mußten beide Elternteile und die Kinder arbeiten, damit ein Existenzminimum gesichert war.

Die angegebenen Entlassungsgründe belegen das völlige **Fehlen von Schutzbestimmungen** für die ArbeiterInnen. So kam es wiederholt zu Entlassungen von Frauen wegen Streiks oder wegen „Aufhetzens". Entlassen wurden Frauen auch, wenn sie krank oder schwanger waren, ebenso bei „Abortus" oder „Unmoral", was immer die Arbeitgeber darunter verstanden. In den Jahren 1914/15 taucht als neue Variante „entlassen wegen Krieg" auf. In dieser Zeit kam es zu einem Produktionsrückgang, weil Teile der Fabrik an die Armee vermietet wurden. Viele

Baumwollspinnerei St. Anton: Arbeit am mechanischen Webstuhl in den vierziger Jahren

Frauen verloren ihre Arbeit. Im Laufe des **19. Jahrhunderts** entstanden in Bozen noch weitere Industriebetriebe mit hohem Frauenanteil. Die Industrialisierung brachte nicht nur Arbeitsplätze für Frauen in Fabriken, sondern auch in anderen Bereichen. So vermeldete die „Bozner Zeitung" vom 17.1.1903 unter dem Titel **„Fräulein Stationschef"**: „Das Eisenbahnministerium hat die probeweise Verwendung von Frauen im Betriebsdienst der Bozen-Meran-Bahn – auch als Stationsvorsteherin – nach Ablegung der vorgeschriebenen Prüfungen gestattet."

Faschismus

Frauen im Faschismus

Der europäische Faschismus war historisch ein männliches Phänomen, da er ideologisch die Hierarchie zwischen Männern und Frauen mit Nachdruck verfocht und die politische und ökonomische Macht den Männern vorbehielt. So hatte die faschistische Herrschaft spezifische Auswirkungen für Frauen. Zudem wurde der weibliche Körper zum zentralen Gegenstand der Politik: Von der Einschwörung der Frauen auf die Mutterschaft bis hin zu Zwangssterilisierungen aufgrund rassischer Reinheitskriterien reichten die ideologischen und gewaltsamen Übergriffe der Faschisten.

Wenngleich dem italienischen Faschismus mehr Zeit blieb als dem Nationalsozialismus, seine Ideologie in die politische Praxis umzusetzen – und die beiden Regime auch auf jeweils unterschiedliche Aufnahme bei der dreisprachigen Bevölkerung stießen –, in der Frauenpolitik gab es zahlreiche Gemeinsamkeiten.

Weibliche Zerr- und Wunschbilder

Die regimetreue Tageszeitung „Provincia di Bolzano“, die von 1927 bis 1943 erschien, enthielt eine wöchentliche Frauenseite mit dem vielversprechenden Titel „Vita, problemi e cronache femminili“. Neben Modeberatung und der regelmäßigen Rubrik „Eva nel mondo“, in der Kuriositäten und Anekdoten aus aller Welt gesammelt waren, die in irgendeiner

Frauenfigur an der Fassade des Bozner Bahnhofes, eine Allegorie der Elektrizität

Weise Frauen betrafen, fanden sich auf der Frauenseite recht plumpe und unverblümte Propagandaartikel zur Rolle der Frau im Regime. Grundtenor war dabei die Bindung der Frau an ihre Funktion in der Familie, Ehe, Mutterschaft und Haushalt. Ihre Gebärfähigkeit wurde zum Symbol der nationalen Mutterschaft stilisiert: die Frau als **Mutter der Nation**.

Trotz oder gerade wegen ihrer politischen Bedeutungslosigkeit wurde die Frau im Faschismus häufig zum Objekt allegorischer Darstellungen. Dafür gibt es auch in Bozen Beispiele: Am Giebelrelief des Siegesdenkmals, dem Paradesymbol faschistischer Herrschaft in Südtirol, 1928 feierlich eingeweiht, ist die Siegesgöttin Vittoria mit Pfeil und Bogen dargestellt. Am monumentalen Gerichtsgebäude, 1936 fertiggestellt, thront an zentraler Stelle über dem Eingangsportal Justitia, die Göttin der Gerechtigkeit. Gegenüber dem Gericht befand sich das Gebäude der faschistischen Partei; heute ist in dem Gebäude das Finanzamt untergebracht. Die Fassade wird beherrscht von einem Relief des Südtiroler Bildhauers Hans Piffrader, das den Aufstieg des faschistischen Italien darstellt. Hier spielen Frauenfiguren schon eine untergeordnete Rolle: Die Figuren um den Duce, der hoch zu Roß das Zentrum des Reliefs bildet, sind soldatische Männer, nur vereinzelte Frauenfiguren symbolisieren mit Kind, Getreidegarbe oder Früchten die Fruchtbarkeit.

Frauenrealitäten

Mütter der Nation

Die Sozialpolitik des Faschismus ist ambivalent. Wird sie bis heute vielfach als „positive Seite" des Faschismus gesehen, waren in diesem Bereich Unterstützung und Förderung jedoch mit Kontrolle und Indoktrination unmittelbar verknüpft. Auch war das Regime nicht so innovativ, wie häufig angenommen wird: Vielfach wurden bereits bestehende Fürsorgeeinrichtungen im Sinne staatlich-zentralistischer Kontrolle umstrukturiert. Eine Reihe von Organisationen setzte im familienpolitischen Bereich eine Professionalisierung und in gewisser Weise auch Modernisierung der Mutterrolle durch. Die **Opera Nazionale Maternità ed Infanzia (OMNI)** wurde im Dezember 1925 unter Beifall und Unterstützung sowohl der katholischen als auch der liberalen und nationalistischen Kreise gegründet und entfaltete in der Folge auch in Bozen eine rege Tätigkeit. Diese Institution errichtete den **Kindergarten in der Mailandstraße** und das **Mutter-Kind-Haus in der Venedigerstraße**; beide Einrichtungen gibt es noch heute. Die OMNI bot außerdem Ausspeisungen für Kinder, ärztliche Beratung sowie Unterstützung bei Arbeitsbeschaffung und Rechtsfragen für Frauen.

Das Regime sah zur **Förderung des Kinderreichtums** besondere Vergünstigungen vor: Arbeiter, die sich vor Vollendung des 25. Lebensjahrs verheirateten, bekamen eine

Der Kindergarten der OMNI, der 1931 in der Mailandstraße 131 erbaut wurde.

 Hochzeitszulage von 700 Lire und günstige Kredite. 1937 gab es in Bozen 167 Familien mit sieben bis vierzehn Kindern. Die Zeitungen berichteten darüber, wie der Duce bei „Zwillingsgeburten in Südtirol" Prämien vergab.

Da die Familienpolitik des Faschismus schon in den zwanziger Jahren auf den Konsens der Bevölkerung stieß, war nach 1945 in diesem Bereich eine mehr oder weniger bruchlose Kontinuität möglich. Die Tatsache, daß die OMNI nach Kriegsende ihre Aktivitäten weiterführte und ihre Einrichtungen bestehen blieben, trug zur Verbreitung des Bildes von der „unpolitischen" Familienpolitik als harmlose Seite des Faschismus bei.

Mädchen – kleine Karrieren in Uniform. Zu Beginn dieses Jahrhunderts war die Einbindung von Mädchen in organisierte Freizeitangebote viel weniger selbstverständlich als für Buben.

So waren es neben der Uniform, die für viele Mädchen in den damaligen Jahren zum Symbol für Modernität und Eleganz wurde, vor allem die Sportveranstaltungen, Feste, Fahrten und Ferienaufenthalte sowie insgesamt das Gruppenerlebnis, die die Mitgliedschaft in den faschistischen Jugendorganisationen attraktiv machten. Außerdem waren für die Jugendlichen im Rahmen dieser Organisationen kleine Karrieren, wie etwa der Aufstieg zum „capo squadra", möglich, was dem Wunsch nach Selbständigkeit und Anerkennung entgegenkam.

Die Attraktivität der faschistischen Mädchenorganisationen war zweifellos nicht auf die italienische Sprachgruppe beschränkt; auch deutschsprachige Boznerinnen waren mehr oder weniger begeisterte Mitglieder der **Piccole** und der **Giovani Italiane**.

Bei den Mitgliedern im Pflichtschulalter hielten sich Mädchen und Buben noch in etwa die Waage. Bei den älteren Jugendlichen nahm der Anteil der Mädchen jedoch rapide ab. Das deutet auf den grundsätzlichen Ausschluß der

Frauen aus der politischen Öffentlichkeit und auf ihre frühzeitige Hinlenkung auf die für sie vorgesehene Mutterrolle hin. Auch waren die Vorbehalte der Familien oder der Mütter gegenüber dieser starken Einbindung in die regimegeleitete Jugendarbeit bei den Töchtern wohl ausgeprägter. Der Widerstand, den die Familien diesem Entzug von Erziehungskompetenz vielfach entgegenbrachten, war nicht nur ideologisch motiviert. Auch aus ganz pragmatischen Gründen wie des Ausfalls der Töchter im Haushalt versuchten Eltern eine Mitgliedschaft ihrer Kinder zu verhindern.

Mädchen machten in den faschistischen Jugendorganisationen häufig die Erfahrung von Selbständigkeit, Zuwachs von Freiheit und „modernem" Lebensgefühl, wobei dies vielmehr der Selbstdarstellung der faschistischen Jugendpolitik entsprach als den traditionellen Erziehungsvorstellungen der Eltern. Auf der anderen Seite waren mit der Mitgliedschaft auch bestimmte soziale Unterstützungsleistungen verbunden, wie etwa kostenlose Schulbücher, auf die wiederum bestimmte Familien nicht verzichten konnten oder wollten.

Für Mädchen in Bozen waren in diesen Jahren derartige Sozialisationserfahrungen nicht auf die Organisationen des italienischen Faschismus beschränkt. Sehr ähnlich verlief die Einbindung der Jugendlichen im Einflußbereich des Nationalsozialismus ab Mitte der dreißiger Jahre: zunächst in der **illegalen Bewegung** des Völkischen Kampfringes Südtirols (VKS) und nach 1939 in der Jugendarbeit der Arbeitsgemeinschaft der Optanten (AdO). Auch in den Reihen dieser Organisationen eröffneten sich für Mädchen neue Tätigkeitsfelder und Erfahrungsdimensionen.

Modernisierung. Die geförderte Zuwanderung aus altitalienischen Provinzen, die sich auf Bozen konzentrierte, hatte ein schnelles Anwachsen der Stadt zur Folge und verstärkte damit ihren urbanen Charakter. Gleichzeitig wurde aus Bozen eine Stadt mit zweisprachigem Charakter, ein

Arbeiterinnen der Magnesiumwerke mit dem Direktor des Betriebes, Ing. Edoardo Ravelli, im Jahr 1944

Ort, an dem sich zwei Kulturen und Lebensweisen trafen, was zusätzlich zu einer lebendigeren städtischen Entwicklung beitrug. Auch die ökonomischen Veränderungen – so der Ausbau des Verwaltungs- und des Industriesektors – trugen ihren Teil dazu bei. Architektonischer Ausdruck für die Jugendlichkeit, Dynamik und Modernität, Attribute mit denen sich das Regime propagandistisch schmückte, sind in Bozen der **Lido** und das **Drususstadion**.

Die Modernisierung blieb aber immer innerhalb des vom Regime vorgegebenen Rahmens und deshalb zwangsläufig subjektiv begrenzt und widersprüchlich. Gleichzeitig ist in diesen Jahren ein beachtlicher Rückgang weiblicher Bildung und außerhäuslicher Erwerbstätigkeit zu verzeichnen. Erst mit der Fortdauer des Zweiten Weltkrieges wurden Frauen vermehrt zu Ausbildungs- und Arbeitsplätzen zugelassen, damit sie – wie schon einmal – die fehlenden männlichen Arbeitskräfte ersetzen konnten.

Das erste Modell der Lambretta in der Semirurali-Zone

Nach Bozen kommen ...

Die Bevölkerungsentwicklung der Stadt Bozen in der Zwischenkriegszeit unterschied sich wesentlich von der des restlichen Südtirol. Die vom faschistischen Regime gesteuerte

italienische Zuwanderung konzentrierte sich nämlich vor allem auf die Landeshauptstadt und veränderte innerhalb kurzer Zeit die ethnische und soziale Struktur der Stadt.

Im September 1934 wurde der Plan, am linken Eisackufer im Südwesten der Stadt eine Industriezone zu errichten, bekanntgegeben. Bei diesem Vorhaben spielten sowohl politische als auch ökonomische Gründe eine Rolle. Industrieneugründungen entsprachen dem Konzept faschistischer Autarkiepolitik. In Südtirol wollte man vor allem die Wasserkraft nutzen. Durch die Ansiedlung von Arbeitskräften aus altitalienischen Provinzen sollte gleichzeitig eine italienische Bevölkerungsmehrheit geschaffen werden: Ende 1942 waren etwa 6500 italienischsprachige Arbeiter in der Industriezone beschäftigt.

Gleichzeitig mit dem Bau der **Industriezone** begann man gegenüber, auf der rechten Seite des Eisacks, mit dem Anlegen von **Arbeitersiedlungen**. So entstand die Siedlung **„Rione Littorio"**, die sich aus großen Mietshäusern (case popolari) zusammensetzte und die Siedlung **Rione Dux**, die Semirurali-Zone mit kleinen Zwei-

Bevölkerungsentwicklung Bozen und Südtirol im Vergleich

Bozen	1910	1921	1939	1943	1953	1961	1991
Dt.	26.500	25.000	22.000	14.000	15.000	18.784	24.975
Ital.	1.600	5.000	36.000	51.000	57.000	70.015	68.109
Lad.						737	
Land							
Dt.	221.142	202.363	243.650	176.279	214.256	232.717	287.503
Ital.	6.950	20.306	80.743	104.766	114.568	128.271	116.914
Lad.	9.350	9.910	11.250	10.635	16.696	12.594	18.434

und Vierfamilienhäusern mit Garten. Alle diese Häuser hatten einen äußeren Treppenaufgang, der an das **Geburtshaus Mussolinis** in Predappio erinnern sollte. Die einzelnen Wohnungen bestanden aus zwei bis drei Zimmern und waren insgesamt sehr schlecht ausgestattet: Es gab weder Bad noch Heizung, noch Isolierung. Die Mieten waren jedoch sehr hoch; sie machten ein bis zwei Drittel des Monatslohnes eines Industriearbeiters aus.

In der Arbeitersiedlung, die ganz am Rande des damaligen Stadtgebietes lag, fehlte auch jede Infrastruktur. Die nächsten Geschäfte und Schulen waren einige Kilometer entfernt, soziale und kulturelle Einrichtungen waren nicht vorgesehen; erst 1940 wurde in der Mailandstraße ein Kindergarten eröffnet. Die Wohnsiedlung war durch zwei Brücken mit der Industriezone verbunden, die durchschnittliche Entfernung zwischen Wohn- und Arbeitsplatz lag bei drei Kilometern. Die BewohnerInnen der Semirurali-Zone hatten deshalb **kaum Kontakt zur übrigen Stadtbevölkerung**, weder zu den deutschsprachigen BoznerInnen noch zu ItalienerInnen aus anderen sozialen Schichten, die in den übrigen Zonen der Stadt wohnten. Bis 1948 gab es keine öffentlichen Verkehrsverbindungen zwischen Arbeitersiedlung und Stadtgebiet. Insofern hatte das Leben in der Semirurali-Zone dörflichen Charakter.

Frauenalltag in den Semirurali. Die Arbeiter der Industriezone waren in der Mehrzahl Angehörige ländlicher Unterschichten aus den strukturschwachen Gebieten Venetiens und der Poebene, die nach Südtirol gekommen waren, in der Hoffnung, dort bessere Lebensbedingungen vorzufinden. Sie waren keineswegs alle überzeugte Faschisten; für das Regime zählte bei diesem Ansiedlungsprojekt eine große Familie oft mehr als das Parteibuch.

Einige **Erinnerungen von Frauen**, die als Ehefrauen, Schwestern oder Töchter nach Bozen gekommen sind:

„Ich bin im Oktober 1939 nach Bozen gekommen. Mein Mann war arbeitslos und hat einen Umschulungskurs für Krankenpfleger gemacht. Wir lebten in einem kleinen Dorf in der Provinz Rovigo. Das erste Mal hörte ich von Südtirol, als mein Mann mir erzählte, es gebe die Möglichkeit, sich dort niederzulassen. Ich hatte es mir anders vorgestellt, und als ich hier ankam, war ich überrascht wegen der Berge. Ich bin sechs Monate allein im Dorf geblieben und habe darauf gewartet, daß uns das Haus zugeteilt würde. Seitdem lebe ich hier. Es wird mir sehr leid tun, wenn ich weggehen muß."

„Ich war acht Jahre alt, als ich 1938 nach Bozen kam, weil mein Vater den ganzen Grundbesitz in der Provinz Padova verkauft hatte. (...) Mein Vater und meine älteren Brüder waren schon ein Jahr vorher nach Bozen gezogen und haben als Handwerker gearbeitet. Als ich dann mit der restlichen Familie folgte, waren wir zu 24. Wir haben öfter Wohnung gewechselt, wir waren laut, und niemand wollte uns. In kurzer Zeit haben wir alles ausgegeben, was wir hatten. (...) Mein Bruder hat dann dem Duce geschrieben, und in kurzer Zeit haben wir eine Volkswohnung bekommen und auch den Wohnsitz. Ich habe mit 14 Jahren begonnen, in der Schuhfabrik Rossi in der Industriezone zu arbeiten.

Trotz der Armut hatten die Siedler einen bestimmten Sinn für Lebensqualität – die vor allem die Frauen mit ihrer Arbeit garantieren mußten. Sie waren es, die mit Gartenarbeit und Hühner- und Kaninchenzucht den Speisezettel aufbesserten, die, noch aus der bäuerlichen Tradition des Veneto heraus, spinnen, nähen und weben konnten. Es war wie auf dem Dorf bei uns, keiner hat dieses Viertel als Teil Bozens empfunden. ‚In die Stadt fahren', war wie eine Reise."

(Umbertina Bacchin)

Die Frauen waren mehrheitlich ihren Ehemännern und Vätern nach Bozen gefolgt; nur in Ausnahmefällen kamen sie aus eigener Initiative, um für sich in Bozen einen Arbeitsplatz zu suchen.

In Bozen waren vorwiegend Betriebe der Schwerindustrie angesiedelt, wo nahezu ausschließlich männliche Arbeitskräfte gefragt waren. Dennoch arbeiteten auch Frauen in der Industriezone, und zwar hauptsächlich in den **Fabriken, die Schuhe oder Strümpfe produzierten** (Rossi, Gardin, Martini). Auch im größten Betrieb der Industriezone, den Lancia-Werken, waren 1940 um die 200 Frauen angestellt. Dazu kam noch die große Anzahl von Frauen, die gelegentlich **Reinigungsarbeiten** in den Firmen verrichteten. Viele Frauen der Siedlung, vor allem jene mit Kindern, arbeiteten jedoch ausschließlich im eigenen **Haushalt**. Die räumliche Beengtheit, die in der Regel große Kinderzahl, die Gartenarbeit sowie die knappen finanziellen Mittel, die für die Haushaltsführung zur Verfügung standen, verursachten den Frauen anstrengende und lange Arbeitstage, und sie hatten kaum Freizeit.

Die Semirurali-Zone gibt es nicht mehr. An dieser Stelle sind neue, große Wohnhäuser entstanden. Mit den Semirurali ist ohne Zweifel auch ein Stück Alltagsgeschichte der italienischen Bevölkerungsgruppe Bozens verlorengegangen. Ein Eindruck davon soll im **Museum für Alltagskultur**, das in einem renovierten Semirurali-Haus eingerichtet wird, erhalten bleiben.

Einige Jahre nach dem Krieg wurde ein Verbot erlassen: keine Hühner und Kaninchen mehr in den Gärten und hinter den Häusern, denn man sei ja schließlich in der Stadt und nicht auf dem Land. Schanghai sollte aufhören Schanghai zu sein."

(Umbertina Bacchin)

Von Bozen gehen ...

Option und Umsiedlung

Ähnlich wie viele italienischsprachige Frauen ihren Männern in den zwanziger und dreißiger Jahren nach

Bozen gefolgt waren, so verließen nach der Option von 1939 viele deutschsprachige Frauen mit ihren Männern die Stadt und wanderten aus. Als **Ehefrauen** waren sie **nicht optionsberechtigt** und mußten sich der Entscheidung des Ehemannes fügen. Frauen mit mehreren Kindern wehrten sich häufig – meist allerdings vergeblich – gegen die Umsiedlung. Sie wurden durch die Auswanderung in ein kriegführendes Land vor eine Fülle von Problemen gestellt, die sich noch verschärften, wenn die Männer unmittelbar darauf in die Wehrmacht eingezogen wurden, was zumeist der Fall war. Sie fanden sich dann mit ihren Kindern in einer fremden, häufig feindlichen oder mißtrauischen Umgebung unter schwierigen Bedingungen wie Wohnungsnot, Lebensmittelknappheit und rigide politische Kontrolle wieder.

Mit dem **Optionsabkommen vom Juni 1939** zwischen dem faschistischen Italien und dem nationalsozialistischen Deutschland wurde die Umsiedlung der „volksdeutschen" Südtiroler beschlossen. Die Optionsvereinbarung war das Ergebnis der immer enger werdenden Zusammenarbeit der beiden faschistischen Diktatoren Hitler und Mussolini, die damit das Südtirolproblem endgültig lösen wollten. Nach den Bedürfnissen der direkt betroffenen Südtiroler Bevölkerung wurde nicht gefragt. Ende Oktober 1939 wurden die „Richtlinien für die Umsiedlung" und die Optionsfrist bis zum 31. Dezember 1939 bekanntgegeben.

Innerhalb von zwei Monaten sollten sich die Menschen entscheiden, ob sie die deutsche Staatsbürgerschaft annehmen und ins Dritte Reich abwandern oder weiterhin italienische Staatsbürger bleiben wollten. Optionsberechtigt waren alle „volksdeutschen" volljährigen (über 21 Jahre alten) Südtiroler; für verheiratete Frauen war die Entscheidung des Mannes bindend. Über 80 Prozent der deutschsprachigen Südtiroler entschieden sich für die

Erinnerungen der Ausgewanderten
Ottilie P.

„In diesem Haus in der Zwölfmalgreiner Straße wohnten auch viele Italiener, die beim Eder gearbeitet haben. Wir haben uns ein bißchen benachteiligt gefühlt, denn sie hatten viel die schöneren Wohnungen. Unsere Kinder haben fast perfekt italienisch geredet, weil sie immer mit italienischen Kindern gespielt haben. Ich habe nicht so gut italienisch reden können, aber es sind trotzdem ganz nette Erinnerungen.
Mein Mann hatte auch viele italienische Arbeitskollegen, aber er war trotzdem sehr von der deutschen Sache begeistert. Er wollte auch gleich auswandern bei der Option. Er wollte, daß die Kinder eine deutsche Schule haben.
Es ist dann oft ein Mann zu uns nach Hause gekommen, und der hat mit meinem Mann geredet, und mich hat er zu so einer Mütterrunde vermittelt. Das hat mir gut gefallen mit anderen Frauen. Da wurden wir ein bißchen vorbereitet auf das Leben in Deutschland, und wir haben Handarbeiten gemacht.

Ottilie P. wurde 1910 als jüngstes von fünf Kindern geboren. Ihre Eltern hatten einen Bauernhof in **Lengstein/Barbian**. Dort besuchte sie auch die Volksschule, in der während ihres letzten Schuljahres Italienisch als Unterrichtssprache eingeführt wurde. Ottilie fand den italienischen Lehrer sehr nett.
Über die Schule hinaus hatte sie in Lengstein keinen Kontakt mit Italienern.
Nach Abschluß der Pflichtschule arbeitete Ottilie für Kost und Logis auf dem elterlichen Bauernhof, da ihre Mutter 1928 gestorben war. An ihrem 20. Geburtstag übersiedelte sie nach **Bozen** und arbeitete dort eineinhalb Jahre als Hausmädchen. Sie half außerdem im Geschäft der Dienstgeber mit,

Im Spätherbst hatten wir schon die Fahrkarten nach Innsbruck, und gefahren sind wir am 22. Jänner 1940. In Südtirol ist es uns auch schlecht gegangen." Nach einem einwöchigen Aufenthalt in Innsbruck und einem einmonatigen in Mayerhofen/Zillertal, wo die Umsiedler auf ihre politische Gesinnung hin überprüft wurden, zog die Familie nach Schlitters/Zillertal. Sie wohnte zunächst bei der ebenfalls ausgewanderten Schwester von Ottilie P., bis sie eine eigene Wohnung zugewiesen bekam. Der Mann arbeitete in einem Sägewerk, bis er 1944 zur deutschen Wehrmacht einrücken mußte. Ottilie P. blieb nach Kriegsende mit ihrer Familie in Österreich. Damals kam es zu einem großen Konflikt mit ihrem Mann, der zurück nach Südtirol wollte, um den Bauernhof der Schwiegereltern zu übernehmen. Ottilie wollte die Kinder aber nicht schon wieder aus der gewohnten Umgebung herausreißen und setzte sich schließlich auch gegen ihren Mann durch. Sie hatte in Schlitters eine neue Heimat gefunden.

machte Botengänge, eben „einfach alles". Anschließend zog sie nach **Klausen**, wo ihre Schwester verheiratet war. Sie arbeitete als Hilfskraft in einem Gasthaus und war ebenfalls „für alles" zuständig. In Klausen blieb sie bis zu ihrer Heirat im Jahr 1933. Ihr Mann hatte den hoch verschuldeten elterlichen Bauernhof aufgeben müssen und verdiente seinen Lebensunterhalt zu diesem Zeitpunkt mit Gelegenheitsarbeiten. Die Verwandtschaft von Ottilie P. war über die Ehe mit diesem „Habenichts" nicht sehr erfreut, sie selber allerdings hat es nie bereut. 1936 fand der Ehemann eine Anstellung beim Holzhändler Eder in **Bozen**. Er bekam einen Wochenlohn von 60 Lire sowie eine Zweizimmerwohnung für die bald sechsköpfige Familie.

Annahme der deutschen Staatsbürgerschaft. Die SüdtirolerInnen, die in den Jahren von 1940 bis Anfang 1943 tatsächlich ausgewandert sind, rekrutierten sich vor allem aus **sozialen Unterschichten** und entstammten eher den **städtischen** als den ländlichen **Gebieten**. So gehörten von den bis September 1940 Umgesiedelten über 80 Prozent der Gruppe der Unselbständigen an. In der Landwirtschaft war der Bevölkerungsverlust mit ungefähr 10 Prozent am geringsten; in Industrie und Handwerk betrug er etwa 67 Prozent, im Gastgewerbe um 40 und im Handel um 25 Prozent. In Bozen war dieser **soziale Auslese- und Umschichtungsprozeß** besonders nachhaltig wirksam, zumal sich hier schon die italienische Zuwanderung der zwanziger und dreißiger Jahre konzentriert hatte.

Das Konzentrationslager in der Reschenstraße: die Lagerstraße

Frauen im Widerstand

Das Lager in der Reschenstraße

Das Polizeiliche Durchgangslager Bozen wurde im Sommer 1944 in der Reschenstraße in der Nachfolge des aufgelösten Lagers in Fossoli bei Modena errichtet. Von seiner Größe her war das Lager für die Unterbringung von 1500 Häftlingen konzipiert. In der rund zehnmonatigen Betriebszeit waren insgesamt über 11.000 Häftlinge dort festgehalten. Viele nur für kurze Zeit, dann wurden sie in die Konzentrations- und Vernichtungslager des Dritten Reiches weitertransportiert. Viele blieben aber auch bis Kriegsende in Bozen interniert. Es gab zwei große Baracken zu je sechs Blöcken. In den letzten Monaten waren dort über 4000 Männer und Frauen auf engstem Raum zusammengepfercht.

Die Aufgabe einer sogenannten 'staffetta' bestand in der Überbringung von Befehlen, in der Aufrechterhaltung der Kontakte zwischen den verschiedenen Partisanengruppen in den Bergen und dem Kommando des nationalen Befreiungskomitees C.L.N., das seine geheimen Tätigkeiten in Trient und Bozen abwickelte. Die 'staffetta' mußte auch Waffen, Nachrichten und Lebensmittel überbringen."

(Nella Mascagni; sie war in jenen Jahren als „staffetta" tätig.)

Weibliche Häftlinge. Der Anteil der Frauen im Lager Bozen betrug etwa 10 Prozent. Sie alle waren, gemeinsam mit den nicht sehr zahlreichen Kindern, in einem Block untergebracht. Die weiblichen Häftlinge sprachen unterschiedliche Sprachen und kamen aus verschiedenen kulturellen, politischen und religiösen Milieus:

Da waren die **Italienerinnen aus dem politischen Widerstand**, die als **„staffette"** die Partisanen unterstützt hatten. Sie waren vielfach von Fossoli nach Bozen überführt worden, die Neuankömmlinge stammten zum großen Teil aus dem bellunesischen Raum, wo es eine sehr aktive Partisanenbewegung gab. Die „staffette" leisteten gefährliche Kurier-, Informations- und Versorgungsdienste.

Die zahlenmäßig größte Gruppe bildeten die **Südtiroler Sippenhäftlinge**, und zwar die Mütter, Schwestern und Töchter von Südtiroler Kriegsdienstverweigerern und flüchtigen Deserteuren; sie wurden nach einer Verordnung des Obersten Kommissars vom Jänner 1944 in Sippenhaft genommen und in der Regel in das Lager Bozen gebracht. Einige von ihnen hat man aber auch in Gefängnisse gesperrt.

Laura Conti und Ada Buffulini in Häftlingskleidung nach der Auflösung des Lagers Bozen

Das Leben in den Zellen war andererseits die Hölle wegen der ständigen Spannung, der fehlenden Bewegung und des Alptraumes der Verhöre; natürlich mußten auch alle körperlichen Bedürfnisse in der Zelle verrichtet werden, dafür stand den Häftlingen ein Blechbehälter zur Verfügung. In den Zellen lernte man auch den schwärzesten Hunger kennen ..."

(Nella Mascagni, Häftling im Lager Bozen)

Eine dritte Gruppe bildeten die Frauen, die aus rassischen Gründen verfolgt wurden: **Jüdinnen und Zigeunerinnen**, mit ihnen oft auch ihre Kinder. Die meisten der Frauen waren italienische Staatsbürgerinnen, einige kamen aber auch aus anderen europäischen Ländern.

Aufseherinnen. Es gab im Lager Bozen neben Frauen in Verwaltungsdiensten auch weibliche Aufseher. Sie stammten sowohl aus Südtirol als auch aus dem Reichsgebiet. Traurige Berühmtheit erlangte Hildegard Lächert, deren Übername **„la tigre"** für sich spricht. Diese Frau war vorher Aufseherin im KZ Majdanek gewesen, wo sie unter dem Namen „blutige Brygida" bekannt gewesen war.

Der tägliche Überlebenskampf. Die Häftlinge wurden zu verschiedenen Arbeiten herangezogen. Die Frauen verrichteten Küchen- und Putzdienste, räumten die Büros auf und hielten die Unterkünfte der Wachmannschaften in Ordnung. Auch außerhalb des Lagers wurden sie eingesetzt: Im **Virgltunnel** stellten sie Kugellager her, und in den **Militärkasernen in Gries** nähten und wuschen sie Uniformen und Zelte und sortierten militärische Gebrauchsgegenstände. Die Zwangsarbeit wurde durch die Haftbedingungen zusätzlich erschwert: Nahezu ungenießbares, salzloses und spärliches Essen, prekäre hygienische Zustände in den Gemeinschaftswaschräumen und im Block, Schikanen durch das Wachpersonal, die von stundenlangen Appellen, verschärftem Arrest, Essensentzug bis zu Schlägen und sexuellen Übergriffen reichten.

Hilfe für die Häftlinge. Die Südtiroler Häftlinge konnten darauf hoffen, daß ihnen ihre Familienangehörigen Unterstützung zukommen ließen (in Form von Briefen, Lebensmitteln, Kleidung, Decken). In manchen Fällen waren aber ganze Familien im Lager, oder der Wohnort lag so weit

Gedenkstein und Bronzeplastik in der Reschenstraße zur Erinnerung an die Opfer des Lagers Bozen

von Bozen entfernt, daß kontinuierliche Hilfe nicht möglich war. Das Nationale Befreiungskomitee von Bozen (Comitato di Liberazione Nazionale – CLN, 1943 gegründet) unterstützte vor allem die politischen Gefangenen. Hier liefen die Kontakte über eine Organisation innerhalb des Lagers, die von den beiden aus Mailand stammenden Ärztinnen **Laura Conti** und **Ada Buffulini** getragen wurde.

Nicht zu vergessen sind die spontanen Hilfeleistungen durch die Bevölkerung der Semirurali-Zone, die sich in unmittelbarer Nähe des Lagers befand. Sie steckten den

Gefangenenkolonnen, die auf dem Weg zur Zwangsarbeit waren – trotz strengster Verbote –, oft heimlich Brot, Kartoffeln oder Obst zu. Letztlich war für die Häftlinge aber doch die tägliche Unterstützung und Hilfeleistung untereinander entscheidend: Trotz des unterschiedlichen sozialen und kulturellen Hintergrundes und politischen Bewußtseins wurde eine Solidarität gelebt, die auf der Gegnerschaft zum nationalsozialistischen Terrorregime basierte.

12

Frauen im Krieg

Kriegsjahre 1914–1918 und 1939–1945

Die Lebensbedingungen der Frauen im Krieg weisen Konstanten auf: die Abwesenheit der Ehemänner, Söhne und Brüder, materielle Entbehrungen, neue Arbeitsfelder, auch im Sinne einer Zuarbeit für den Krieg.

Der Erste Weltkrieg

„Bozen! Bis vor einem Jahr noch Brennpunkt des Fremdenverkehrs, das Ziel der Hochzeitsreisenden, der Rastpunkt der Bergsteiger, ist jetzt das große Vorzimmer des Krieges geworden ... Außer dem Militär gibt es nur Greise, Kinder und Frauen. Man wendet erstaunt den Kopf, sieht man nirgendwo einen Mann in Zivil."

So beschreibt die österreichische Kriegsberichterstatterin Alice Schalek in ihrem Frontreisebericht „Tirol in Waffen" die Situation in Bozen zu Beginn des Ersten Weltkrieges.

Ende 1914 waren in Tirol etwa 85.000 Männer eingezogen, das entsprach rund 15 Prozent der Erwerbstätigen. Der Krieg war aber keineswegs eine reine „Männersache". Die Hälfte dieser Männer war verheiratet. Das bedeutet, daß in über 40.000 Familien der vielfach alleinverdienende Ehemann und Vater fehlte. Gleichzeitig verloren viele erwerbstätige Frauen ihren Arbeitsplatz aufgrund von

Eine Mutter mit Kind vor einem Luftschutzloch in der Semirurali-Zone im Jahr 1944

 Betriebsschließungen und Produktionsstockungen. Durch den Kriegsausbruch war es zu massiven Einbrüchen auf dem touristischen und dem industriellen Sektor gekommen, beides Erwerbszweige mit relativ hohem Frauenanteil.

Die Frauen mußten in der Folge nicht nur die abwesenden Männer in nahezu allen Arbeitsfeldern ersetzen, sie wurden zudem aufgefordert, ihren **weiblichen Kriegsdienst** an der **Heimatfront** zu leisten. Bevorzugtes Einsatzgebiet für Mädchen und Frauen war die materielle, medizinische, soziale und moralische **Betreuung der Soldaten**. Schon Schülerinnen mußten Socken und Handschuhe für die Soldaten stricken und diese „Liebesgaben" mit einem netten Briefchen an die Front schicken. Außerdem wurden **Sammelaktionen** und kulturelle Veranstaltungen, Konzerte, Lieder- und Theaterabende, zugunsten der Soldatenfürsorge organisiert. Die **Marienschule** in Bozen wurde zum **Reservelazarett** umfunktioniert, in dem Schülerinnen und Schwestern die verwundeten Soldaten betreuten.

Während des Zweiten Weltkrieges fertigten auch in Bozen Frauen in organisierter Form Handarbeiten für die Soldaten an. Hier in einem Lokal in der heutigen Andreas-Hofer-Straße

Neben Schülerinnen waren in Bozen auch **Frauen in Vereinen** in der Soldatenbetreuung aktiv. So etwa der **Frauenzweigverein des Roten Kreuzes**, der gleich nach Kriegsausbruch **Krankenstationen am Bahnhof** und in den **Bürgersälen** (am heutigen Verdiplatz) einrichtete und betreute. Daneben organisierten die Frauen einen „Labedienst" am Bahnhof für die durchfahrenden Soldaten, sammelten Spenden und richteten außerdem eine Nachweisstelle ein, über die von den Angehörigen Informationen über den Verbleib von Soldaten eingeholt werden konnten.

Widerstände. Nicht alle Boznerinnen fügten sich bereitwillig dieser Aufforderung zur „patriotischen Pflichterfüllung". Während des Krieges kam es immer wieder zu spontanen Protestaktionen und sogenannten **Lebensmit-**

telunruhen, die in hohem Maße von Frauen ausgingen. Gerade für die städtische Bevölkerung war die Situation bezüglich der Lebensmittelversorgung prekär. Der Milchmangel ließ die Kindersterblichkeit drastisch ansteigen; nach den Angaben der k.k. Statistischen Zentralkommission starben im Jahr 1915 in Bozen 40 Prozent der Kinder im ersten Lebensjahr und 1916 immer noch 30 Prozent.

Der Zweite Weltkrieg

Die Versorgungslage war in den Jahren 1939–1945 stabiler als während des vorigen Krieges. Zwar wurden auch diesmal Lebensmittel rationiert und auf Karten ausgegeben, aber es herrschte nicht ständige Hungersnot. Dafür waren die Menschen anderen Bedrohungen ausgesetzt, wie zum Beispiel den Bombardierungen, die im Herbst 1943 einsetzten. Ziel der alliierten Bombenabwürfe war die Brennerbahnlinie, wodurch die Stadt Bozen vor allem in der Bahnhofsgegend unmittelbar betroffen war.

Schlüsselerfahrung: Männer-Ersatz. Kriege werden vielfach als „Schrittmacher der Modernisierung" oder als „Emanzipationsmomente" für Frauen interpretiert. Zweifellos erlangten Frauen in Kriegszeiten größere Selbständigkeit und erfuhren eine Erweiterung ihrer Handlungsräume inner- und außerhalb des familiären Bereiches. Frauen besetzten in den Kriegsjahren jedoch nicht immer freiwillig traditionelle Berufsfelder der Männer, sondern einfach auch aus der Notwendigkeit heraus. Die Integration der Frauen in die Arbeitswelt wurde dezidiert als

Not- und Übergangslösung verstanden. So beschloß der Verwaltungsrat der Straßenbahnlinie Bozen–St. Jakob im Februar 1915 angesichts des großen Personalausfalles, „aushilfsweise nur für die Kriegszeit, Frauen der ins Feld gezogenen Bediensteten in Schaffnerdienste aufzunehmen". Um „den Eifersüchteleien der Männer nach Möglichkeit zu begegnen", wurde der Lohn der Schaffnerinnen um etwa eine Krone niedriger angesetzt.

Belastungen und Leistungen der – vorwiegend weiblichen – Zivilbevölkerung wurden und werden allerdings kaum wahrgenommen oder schnell vergessen, während der „Heldentod" der gefallenen Soldaten beispielsweise auf Kriegerdenkmälern im öffentlichen Bewußtsein immer wieder in Erinnerung gerufen und gewürdigt wird.

Briefträgerinnen während des Zweiten Weltkriegs in Bozen

FREUD
responsabile
diventare genitori
PRIVAT
PRIVAT
PRIVAT

13

Die neue Frauenbewegung

Aufbruch zu neuen Ufern

Die neue Frauenbewegung

Wie in Amerika und den übrigen europäischen Ländern konstituierte sich auch in Italien zu Beginn der siebziger Jahre im Kontext der Studentenbewegung die „neue Frauenbewegung". Die Breitenwirkung und die Militanz, die die italienische Frauenbewegung erreichte, übertraf die der übrigen europäischen Länder. Die Frauen organisierten sich in verschiedenen Gruppen, um ihre Anliegen gesellschaftlich und politisch durchzusetzen. Die Frauengruppen entstanden als autonome, partei- oder gewerkschaftsgebundene oder kirchliche Organisationen.
Bestimmte Themen waren jedoch für alle relevant und wurden auch auf staatspolitischer Ebene verhandelt.

Familienrecht. Bereits 1971 verabschiedete die Abgeordnetenkammer den Beschluß zu einer Reform des Familienrechtes, wodurch die partnerschaftliche und gleichberechtigte Beziehung zwischen Frau und Mann gesetzlich verankert und der Mann seiner Position als alleiniges Familienoberhaupt enthoben werden sollte. Erst 1974 wurde die Reform vom Senat positiv behandelt.

Scheidungsgesetz. Relativ kurzfristig wurde hingegen 1970 das Ehescheidungsgesetz erlassen, das heftige Diskussionen in der Öffentlichkeit auslöste. Konservative Kreise fürchteten um die Zukunft der Familie und sahen durch die Möglichkeit

Aktion der Bozner Frauenbewegung auf der Talferpromenade

einer Eheauflösung die gesellschaftliche Stabilität insgesamt in Gefahr. Die fortdauernden Polemiken um dieses Gesetz führten im Mai 1974 zu einem Referendum. Bei einer Wahlbeteiligung von 87,7 Prozent sprachen sich 40,7 Prozent der Italienerinnen und Italiener für die Abschaffung des Gesetzes aus. Eine Mehrheit von 59,2 Prozent stimmte hingegen für die Beibehaltung des Gesetzes und somit für die Möglichkeit einer Ehescheidung.

Schwangerschaftsabbruch. Die größte öffentliche Diskussion löste die Abtreibungsthematik aus. Der Schwangerschaftsabbruch war in der Frauenbewegung seit deren Anfängen als Thema immer aktuell gewesen. Unter dem Druck von seiten der verschiedenen Frauenorganisationen war innerhalb der Abgeordnetenkammer eine Kommission mit der Ausarbeitung eines Gesetzesvorschlages zur Regelung des Schwangerschaftsabbruches beauftragt worden, der Antang 1976 zur Diskussion vorgelegt wurde. Die Abgeordnetenkammer modifizierte die Vorlage dahingehend, daß eine Unterbrechung der Schwangerschaft nur aus therapeutischen Gründen oder im Falle einer Vergewaltigung erlaubt sein sollte. Aus Protest gegen diese Bestimmung beteiligten sich am 3. April desselben Jahres rund 50.000 Frauen an einer Großdemonstration in Rom, die zum Sturz der christdemokratischen Regierung führte. Der Kampf um die Legalisierung des Schwangerschaftsabbruches brachte zweifellos den größten Mobilisierungsschub für die italienische Frauenbewegung. Seit 1978 ist in Italien der kostenlose Abbruch der Schwangerschaft unter ärztlicher Aufsicht und gesetzlich verankert.

Frauenbewegung(en) in Bozen

Diese Diskussionen und Auseinandersetzungen fanden auch in Bozen ihren Niederschlag. Wie überall entwickelte sich die Frauenbewegung auch in Südtirol im Zusammenhang mit den allgemeinen gesellschaftspolitischen Veränderungen, die sich unter dem Schlagwort der 68er-Bewegung zusammenfassen lassen. In Südtirol artikulierte sich diese Bewegung im Vergleich zu den europäischen Großstädten mit einiger Verspätung und eher moderat. Trotzdem herrschte auch hier Aufbruchsstimmung, wobei sich die Bewegung vor allem auf Bozen konzentrierte, die einzige größere und wirklich zweisprachige Stadt Südtirols.

Die Anfänge. Die Frauen begannen schon gleich zu Beginn, eigene Gruppen zu bilden und ihre Interessen zu vertreten. Es ging um Emanzipation und Selbstbestimmung in mehrfacher Hinsicht: um die berufliche und politische Gleichberechtigung zwischen Frau und Mann, um die Entdeckung und Neubewertung des Weiblichen, um die Befreiung von vielfältigen offensichtlichen und subtilen Unterdrückungsmomenten. Die Frauen setzten sich mit ihren spezifischen Lebenssituationen auseinander, mit ihrer Identität und ihrem Körper. Selbstbestimmte Sexualität, Empfängnisverhütung, selbstgewählte Mutterschaft und Gewalt gegen Frauen waren zentrale Diskussionsthemen.

1972 wurde in Bozen eine **Frauengruppe** gegründet, die sich nach der russischen Sozialistin und Frauenrechtlerin **Aleksandra Kollontaj** (1872–1952) benannte. Die Frauen hatten ihr politisches Lager also im linken Spektrum, betonten aber gleichzeitig ihre parteipolitische Unabhängigkeit und Autonomie.

Daneben gab es in Bozen eine Sektion der **Unione Donne Italiane (UDI)**, der Frauenorganisation innerhalb der damaligen kommunistischen Partei KPI/PCI – den **Südtiroler Frauenbund (SFB)**. Von den „Parteifrauen" wurde die Frauenbewegung vor allem mit der sozialen Frage verknüpft, wobei als Ziel eine möglichst breite Akzeptanz und das Verständnis des Feminismus auch bei sogenannten Unterschichtsfrauen angestrebt wurde. Die „autonomen Frauen" hingegen gingen von ihren eigenen Erfahrungen aus und erhoben diese zum Maßstab, obwohl auch sie immer wieder soziale Themen wie Arbeit und Wohnen aufgriffen.

In diesen beiden Gruppen waren mehrheitlich italienischsprachige Frauen vertreten, die sich sowohl theoretisch als auch in ihrer politischen Praxis stark auf den nationalen Kontext bezogen. Auch von den deutschprachigen Frauen – vorwiegend jungen Frauen, die von ihren Studienaufenthalten im Ausland in dieser Zeit nach Südtirol zurückkamen – wurden die feministischen Ideen aufgegriffen, wobei die Vertreterinnen der deutschen Sprachgruppe ihre Anregungen vor allem aus dem deutsch- und englischsprachigen Ausland bezogen. In ihrer Organisationsform waren sie etwas „unverbindlicher" oder spontaner als die Italienerinnen: Sie trafen sich eher im privaten Kreis in der Art von Selbsterfahrungs- und Gesprächsgruppen. Auch sie ordneten sich politisch vornehmlich dem linken Spektrum zu. So trifft auch für die Bozner Frauenbewegung das in diesen Jahren geprägte Stichwort der „doppelten Militanz" zu.

Demonstration gegen die Praxis des illegalen Schwangerschaftsabbruches, Bozen 1977

Die Aktionen – Versuch einer Chronologie.

Bereits 1973 eröffneten Frauen von der Gruppe Kollontai die **Frauenberatungsstelle A.I.E.D.** (Associazione Italiana per l'Educazione Demografica) am **Obstmarkt**. In dieser Einrichtung arbeiten etwa zwanzig Frauen auf freiwilliger Basis. Im Juli 1975 wurde in Italien ein Gesetz erlassen, das die Errichtung und die öffentliche Förderung solcher Frauen- und Familienberatungsstellen vorsah. Bis diesem nationalen Gesetz das entsprechende Landesgesetz folgte, vergingen genau vier Jahre. Jahre, die geprägt waren von politischen Aktionen und öffentlichen Forderungen von seiten der Frauen in Bozen. Im Frühjahr 1979 veranstalteten die Frauen eine Plakataktion auf der Talferpromenade, um ihrer Forderung nach einer öffentlich finanzierten und anerkannten Beratungsstelle Nachdruck zu verleihen. Gleichzeitig wurden an alle PolitikerInnen Postkarten geschickt,

auf denen eben dieses Anliegen vorgebracht wurde. Seit 1979 wird das AIED Bozen als private Beratungsstelle öffentlich finanziert, im September desselben Jahres übersiedelte es in die Talfergasse 4. Seit August 1992 befindet sich der Sitz der Beratungsstelle in der **Eisackstraße 6**.

Aktionen starteten die Bozner Feministinnen auch in Zusammenhang mit der Liberalisierung der Schwangerschaftsunterbrechung. Bei einer Demonstration im Februar 1977 wurde eine Arztfigur aus Karton verbrannt, als symbolische Anklage gegen die illegale Abtreibungspraxis, die für die Ärzte finanziellen Gewinn und für die betroffenen Frauen ein großes gesundheitliches Risiko bedeutete. Der Kampf der Frauen um das Recht auf Abtreibung ging auch nach der Verabschiedung

des entsprechenden Gesetzes im Jahre 1978 weiter. Denn in Südtirol, dessen katholische und konservative Prägung gerade im Zuge der Diskussion zu dieser Frage sehr deutlich wurde, gab es kaum ÄrztInnen, die auch bereit waren, den Eingriff durchzuführen. Die Verweigerung aus Gewissensgründen war die Regel. Daneben formierte sich eine breite Front von aktiven AbtreibungsgegnerInnen, die ihrerseits gegen die Legalisierung der Schwangerschaftsunterbrechung ins Feld zogen und in direkte Konfrontation mit den Feministinnen traten. Die Blütezeit der Frauenbewegung waren die späten siebziger Jahre. Seit September 1978 erschien in der eben gegründeten „Südtiroler Volkszeitung" regelmäßig eine Frauenseite, „Frau und Gesellschaft", auf der – diesmal von deutschsprachigen Frauen – die verschiedensten Themen aufgegriffen und diskutiert wurden.
Am internationalen Frauentag, dem 8. März 1979, organisierten die Frauen in Bozen eine Demonstration, bei der sie mit Fackeln durch die Stadt zogen und hauptsächlich das Problem der sexuellen Gewalt gegen Frauen an die Öffentlichkeit trugen. Im Juli 1979 wurde erstmals in Bozen der Verlauf eines

Prozesses wegen Vergewaltigung von den Frauen publik gemacht. Viele Frauen verfolgten den Prozeß demonstrativ vor dem Gerichtsgebäude; sie wollten daran erinnern, daß Gewalt gegen Frauen kein Ausnahmephänomen darstellt, sondern grundsätzlich jede Frau betreffen kann. Außerdem wollten sich die Frauen mit der öffentlich bekundeten Solidarität gegenseitig stärken und aus der Hilflosigkeit der reinen Opferrolle ausbrechen. Das Thema der sexuellen Gewalt wurde in jenen Monaten italienweit diskutiert. Im Sommer und Herbst 1979 wurden Unterschriften für eine Gesetzesinitiative gesammelt. Auch in Bozen veranstalteten die Frauen am 23. Juni einen diesbezüglichen Aktionstag auf dem Obstmarkt und der Talferpromenade. Es kam allerdings nie zu einer Gesetzesänderung, da in dieser Frage von den Frauen sehr unterschiedliche Positionen vertreten wurden: Während die einen im Fall von sexueller Gewaltanwendung eine Klage von Amts wegen befürworteten und forderten, sahen die anderen darin die Gefahr, daß Frauen erneut entmündigt und zu Objekten der Staatsgewalt und der Justiz gemacht würden.

In den achziger Jahren läßt sich in ganz Europa, vor allem aber im deutschsprachigen Raum, eine gewisse Akzentverschiebung beobachten, die sich auch in Bozen zeigt: Die Frauenbewegung wird vielfach zum Kern der entstehenden Friedensbewegung. Auch in Bozen wurde Anfang der achziger Jahre die Gruppe **Frauen für Frieden** gegründet, die hauptsächlich aus deutschsprachigen Südtirolerinnen bestand. Dieser Faden des aktiven Pazifismus wurde anläßlich des Golfkrieges von den **Donne in nero** wieder aufgegriffen und weitergeführt.

Demonstration zur Forderung eines legalen Schwangerschaftsabbruches unter ärztlicher Betreuung in Bozen 1977

Viele Frauen aus der Frauenbewegung, die sich später in der Friedensbewegung engagierten, arbeiteten ab Ende der achtziger Jahre innerhalb der Ökokologiebewegung weiter. Sie repräsentierten mit ihrem Engagement die Kritik am zerstörerischen Umgang mit den Menschen und der Natur, der die patriarchal geprägte Gesellschaft kennzeichnet.

Frauen auf den Stufen des Gerichtsgebäudes während eines Prozesses wegen Vergewaltigung (1979)

Bilanz – Wie geht es weiter? Seit Beginn der achtziger Jahre hat die Frauenbewegung ihre Breitenwirkung und Militanz zunehmend verloren oder aufgegeben. Die Grundideen sind aktuell geblieben. Es haben zum Teil die Schauplätze gewechselt, die Orte, an denen Veränderungen in Gang gesetzt werden, sind mittlerweile andere, vieles ist inzwischen auch selbstverständlicher geworden.

Sichtbare Spuren, deren Wurzeln direkt in der Frauenbewegung der siebziger Jahre liegen, sind die **Beratungsstelle AIED** in der **Eisackstraße** und das **Frauendokumentationszentrum**, das vom Obstmarkt in die **Longonstraße** übersiedelt ist.

Stimmen von Frauen, die dabei waren:

„Auf der Ebene des Bewußtseins hat die Frauenbewegung in Bozen sicherlich jene Form des 'diffusen Feminismus' gesät, der es den Frauen erlaubt, wenigstens die Widersprüche, die sie leben, zu benennen."

„Ich habe zwei Söhne, die weitgehend traditionelle Rollenteilung erleben. Der Vater macht Karriere, die Mutter zwar auch noch irgendwas, organisiert aber hauptsächlich das Familienleben. Die Arbeit erdrückt mich oft, und das

schlechte Gewissen gleich mit. Trotzdem hat mich meine Mutter manchmal beneidet."
„Die Emanzipation der Frauen ist zur Klein- und Feinarbeit geworden. Viele Frauen sind auf der Basis dieser Bewegung stark geworden und geblieben – politisch, kulturell und beruflich."

Frauen in der Politik

Seit der Auflösung der Ständegesellschaft ist das Geschlecht der Menschen – neben dem Alter – der Maßstab, der über politische Rechte entscheidet.
Seit dem 19. Jahrhundert war das **Wahlrecht** eine zentrale Forderung der Frauen. In Italien durften die Frauen im Juni 1946 zum erstenmal an politischen Wahlen teilnehmen. Erst 1963 wurde eine Rechtsnorm abgeschafft, nach der Frauen „wegen Eingehung einer Ehe" der Arbeitsplatz gekündigt werden konnte; die **Gleichstellung der Geschlechter in Dienstverhältnissen** wurde erst 1977 gesetzlich verankert.
1984 wurde die **Nationale Kommission für die Verwirklichung der Chancengleichheit zwischen Mann und Frau** eingerichtet, deren Aufgabenbereich in der gesetzlichen und gesellschaftlichen Initiative zur „Förderung der Geschlechtergleichheit" liegt. In Südtirol wurde 1989 der aus fünfzehn Frauen bestehende **Landesbeirat zur Verwirklichung der Chancengleichheit zwischen Mann und Frau** ins Leben gerufen. Ebenso besteht eine **Kommission für Chancengleichheit auf Gemeindeebene**; ihr gehören die weiblichen Mitglieder des Stadt- und des Gemeinderates an. Es war keineswegs so, daß mit dem Wahlrecht für Frauen die Anzahl ihrer politischen Vertreterinnen in den verschiedenen Gremien entsprechend wuchs. Nach einer ersten Euphorie in der Nachkriegszeit war die

 Zahl der Frauenmandate vielmehr auf allen Ebenen rückläufig. Erst seit den siebziger Jahren, im Zuge der neuen Frauenbewegung, läßt sich eine steigende Präsenz von Frauen an den Orten des politischen Geschehens verzeichnen. Bis zum heutigen Tage sind Frauen in politischen Positionen eine Minderheit, obwohl sie mehr als die Hälfte der Bevölkerung ausmachen.

Frauen im Bozner Gemeinderat

1948 fanden die ersten Gemeinderatswahlen in Bozen statt. Es war das erste Mal, daß Frauen auf Gemeindeebene mitbestimmen durften. Bis zu den Wahlen von 1974 bestand der Gemeinderat aus 40 Mitgliedern, dann wurde er auf 50 erhöht.

1948: Marcella Negri (DC)/Stadträtin (Soziales)
1952: Marcella Negri (DC)
1957: Anna Lucia Ferraris Chiesa (PNM)
Lidia Menapace (DC)
1961: keine Frau gewählt
1966: Helga von Aufschnaiter (SVP)
1969: Olga Perini (DC)
1974: Maria Leonardi (PCI)
1980: Vea Carpi (PCI)
Lorenza Mascagni (PCI)
Eva Klotz (SVP)
Maria Jole Greco (DC)/Stadträtin (Personal)
Marina Rossi (NS/NL)
1985: Rosetta Infelise Fronza (PCI)
Adelheid Scheiflinger (SVP)
Nadia Lovison (MSI)
Teresa Aniello (MSI)
Gina Vianello (MSI)
Gabriella Cecchelin (LA/AS)
Luisa Gnecchi (LA/AS)
1989: Mia Pollinger (Verdi/Grüne)

Antonia Saltuari Dondio (Verdi/Grüne)
Giovanna Dessi (Verdi/Grüne)
Rosa Infelise Fronza (PCI)
Chiara Boscarolli (MSI)
Carla Menapace (MSI)
Gina Vianello Cosmi (MSI)
Ingeborg Bauer-Polo (SVP) (Assessorat für Unterricht/Sport/Freizeit/Statistik und Toponomastik)
Bruna Rauzi (DC)

1990: Ingeborg Bauer-Polo (SVP) (Assessorat wie 1989)
Chiara Boscarolli (MSI)
Rosetta Fronza Infelise (BZV)
Carla Menapace (MSI)
Mia Pollinger (BZV)
Antonia Dondio Saltuari (LA)
Gina Vianello Cosmi (MSI)
Bruna Rauzi Visentin (PPI)

1995: Gemeinderätinnen:
Francesca Adami Donà (Unitalia CCD)
Antonella Biancofiore (AN)
Claudia Chistè (Für Bozen)
Alessandra De Giorgi (AN)
Dorothea Gasser Mambelli (Patto dei democratici), seit Dez. 1998
Anna Kössler Gasser (SVP), bis Mai 1999
Evi Keifl (Projekt Bozen)
Susanna Melchiorri (Für Bozen, dzt. Gemischte Fraktion)
Carla Menapace (AN)
Maria Teresa Tomada Sigismondi (AN), seit Dez. 1998
Wally Rungger (Für Bozen, dzt. Gemischte Fraktion), seit März 1998
Stadträtinnen:
Mimma Battisti Bonelli (unabhängig) (Sozial- u. Gesundheitswesen)
Ingeborg Bauer-Polo (SVP) (öffentl. Arbeiten, Verkehr- u. Transportwesen)
Monica Franch (PPI) (Schule, Familie und Freizeit und Vorsitzende der Kommission für Chancengleichheit)

Anhang

Frauenorganisationen in Bozen

ACLI – Associazione cattolica per lavoratori italiani
Südtiroler Str. 38
Tel. 0471/97 34 72

AIED – Associazione Italiana per l'Educazione Demografica
Familienberatungsstelle
Eisackstr. 6
Tel. 0471/97 93 99

Centro documentazione ed informazione della donna
Frauendokumentationszentrum und Bibliothek
Longonstr. 3
Tel. 0471/26 24 88

Donne Nissà
Vereinigung der ausländischen Frauen
Cagliaristr. 82/A
Tel. 0471/93 54 44

Eltern-Kindzentrum
Rauschertorgasse 10
Museumstr. 32
Tel. 0471/98 10 11

Frauen der Arbeitsgruppe Regionalgeschichte
Donne del Gruppo di ricerca per la storia regionale
Postfach 178

Gleichstellungsrätin
Consigliera di parità
Haus der Ämter für Arbeit
Casa del lavoro
Leonardo-da-Vinci-Str. 7
Tel. 0471/99 27 52

Frauen im KVW
Marconistr. 23
Tel. 0471/97 80 56

Gruppo donne e architettura presso l'Ordine degli architetti
Sparkassenstr. 15
Tel. 0471/97 17 41

Haus Margaret
Obdachlosenhaus für Frauen
Kapuzinergasse 24
Tel. 0471/30 10 17

INFES – INFDA
Infostelle für Eßstörungen
Infocentro per disturbi alimentari
Marconistr. 23
Tel. 0471/97 00 39

Initiative „Frauen helfen Frauen"
Dr.-Streiter-Gasse 1
Tel. 0471/97 33 99

Movimento Femminile della Federazione Provinciale Coltivatori Diretti
Brennerstr. 9
Tel. 0471/97 07 53

Südtiroler Bäuerinnenorganisation
Schlachthofstraße 4/D
Tel. 0471/99 94 32

Tagesmütterverein
Laubengasse 8
Tel. 0471/98 28 21

Archive und Bibliotheken

Stadtarchiv Bozen
Stadtmuseum Bozen
Stadtbibliothek Bozen
Landesbibliothek Teßmann
Südtiroler Landesarchiv
Diözesanarchiv Brixen
Landesmuseum Ferdinandeum
Tiroler Landesarchiv
Archivio Centrale dello Stato
Archiv des Klosters Muri-Gries
Bibliothek des Franziskanerklosters, Bozen

Bildnachweis

AIED-Archiv, Bozen, S. 228
Altbozner Bilderbuch K. Th. Hoeniger, S. 23
A.N.P.I., Bozen, S. 211, 212, 216
Bozen zur Franzosenzeit 1797–1814 hg. Museumsverein Bozen, Bozen 1984 (S. 55), S. 138
Klara Dellantonio, Ritten; Eleonora Gelmo, Bozen, S. 25
Der Klocker-Altar Franziskanerkirche, Bozen, S. 58
Agnes Egger Andergassen, S. 35, 119, 170
Archiv Franziskanergymnasium, Bozen, S. 167 f.
Eleonora Gelmo, Bozen, S. 19, 29, 43, 46, 52, 55, 57, 60, 67, 69, 71, 79, 92, 109, 124, 125, 134, 179, 196, 214. 215
Hans von Hoffensthal: Hildegard Ruhs Haus (Detail Umschlag), S. 143
Landesarchiv, Bozen, S. 42, 147
Landesbildstelle, Bozen, S. 31, 38 f.
Marina Manganaro, Bozen, S. 222
Ennio Marcelli, Semirurali ... per non dimenticare ... um zu verstehen, Bozen 1995, S. 199, 202, 203, 220 f.
Archiv Marienschule, Bozen, S. 154 f.
Merkantilmuseum, Bozen S.12
Familie Mumelter, S. 122, 126, 127, 131, 152, 219
Hans Moser, Die Scharfrichter von Tirol, Innsbruck 1982 (S. 63), S. 101
Hilde Nikolussi, S. 159, 163
Fotoarchiv Pedrotti, Bozen, S. 141, 168, 175, 188, 193
Mario Pintarelli, Bozen, S. 24, 59
Zeitschrift „Praxis Geschichte", Juli 1991, S. 82 f., 87
Presseamt, Stadt Bozen, S. 151
Edi Rabini, Bozen, S. 227, 230
Peter Schuster, Das Frauen - haus. Städtische Bordelle in Deutschland 1350–1600, Paderborn 1992, S. 112
Gaetano Sessa, Bozen, S. 171, 180, 183
Stadtmuseum Bozen, S. 15, 16, 50, 74, 90, 99, 106, 108, 135, 157, 187